THE IDEA–DRIVEN
ORGANIZATION

UNLOCKING
THE POWER IN
BOTTOM–UP IDEAS

〔美〕艾伦 · 罗宾逊 迪安 · 施罗德 著

闫佳 译

基层创意

释放自下而上的创意力量

东方出版中心

图书在版编目（CIP）数据

基层创意 ／（美）艾伦·罗宾逊，（美）迪安·施罗德著；
阎佳译. 一上海：东方出版中心，2023.4
ISBN 978－7－5473－2154－6

Ⅰ．①基… Ⅱ．①艾… ②迪… ③阎… Ⅲ．①企业管
理－人事管理 Ⅳ．①F272.92

中国国家版本馆 CIP 数据核字（2023）第 008804 号

上海市版权局著作权合同登记：图字 09－2021－0250 号

基层创意： 释放自下而上的创意力量

著　　者　［美］艾伦·罗宾逊　迪安·施罗德
译　　者　阎　佳
策　　划　刘　鑫
责任编辑　荣玉洁　刘　军
装帧设计　今亮後聲 HOPESOUND 25805906160@qq.com · 白今

出版发行　东方出版中心有限公司
地　　址　上海市仙霞路 345 号
邮政编码　200336
电　　话　021－62417400
印 刷 者　山东韵杰文化科技有限公司

开　　本　890mm×1240mm　1/32
印　　张　7.375
字　　数　132 千字
版　　次　2023 年 4 月第 1 版
印　　次　2023 年 4 月第 1 次印刷
定　　价　58.00 元

献给玛格丽特、菲比和玛格特

献给凯特、莱西、莉兹和托里

目 录

序

多年来，管理者们一直受"少花钱多办事"这一要求的束缚。但他们愈发意识到，以组织的现状和当前所用的方法，是无法产生预期结果的。

我们在"少花钱多办事"这条路上已经走到了尽头；光是依靠调整现有的组织或管理方法，再也无法满足进一步的需求。削减工资、福利和津贴，逼迫人们更努力地工作，这些举措的效果也就到此为止了。我们需要一种不同的方法。有趣的是，最好的解决方法，涉及的是那些迄今为止首当其冲承受成本危机的人：普通员工。

每天，一线员工都能看到管理者看不到的许多问题和机会。他们有很多创意来提高生产率和客户服务，提供新的或更好的产品或服务，或者其他可以增强其组织的方式。组织通常更善于抑制这些创意，而不是将其推而广之。

根据我们的经验，大多数管理者很难相信员工的创意具备足够的价值，因此认为没必要为这些创意付出努力。但我们在书中将会解释，一家组织的改进潜力，约有80%来自一线创意。这样的事实意味着，那些没有建立倾听和执行一线创意机制的组织，充其量只发挥了改进引擎1/5的效力。这些组织的大部分创新潜力，也同样被封藏。可要是管理者有能力每年每人实施20个、50个，甚至 100 个创意，一切就将发生变化。*

今天，越来越多的创意驱动型组织已经变得非常擅长推广一线创意，亦因此达到了卓越的绩效水平。传统组织是由高层指挥并驱动，而创意驱动型组织是由高层指挥，但**由基层创意驱动**。

几年前，我们写了《创意即自由》（*Ideas Are Free*），阐明并记述了如果一家组织积极追求基层创意，有可能实现什么样的结果。我们介绍了采用全世界最佳创意系统的公司，以及这些系统带来的非凡优势。这一愿景吸引了世界各地无数的领导者和管理者。有些人采用了这种方法，而且相当成功。但也有人步履维艰。我们开始接到很多求助。

在与管理者和领导者一起努力实施高绩效创意系统时，我们学到了两个重要的教训。首先，设置正确的创意流程机制当然很重要，但要从中获得好的结果，通常需要对组织的领导、结构和管理方式进行重大改革。其次，理解创意驱动型组织如何运作是一回事，知道如何创建创意驱动型组织却是另一回事。意识到这些情况后，我们动手撰写了本书。

我们着手研究组织向创意驱动转变的过程。我们深入研究了许多创意驱动型组织的运营环境，以了解它们是如何做到这一步的。我们还观察了那些刚刚迈出创意驱动第一步的组织，对它们进行了

---

* 区别显示为原书所加。——编辑注

近乎实时的跟踪，以更准确地了解在这个过程中，什么做法可行、什么做法不可行。与此同时，我们与寻求帮助的领导者和管理者开展合作，检验、改进，然后重新检验本书中提出的概念和建议。

从某些方面看，本书希望为一场组织运营方式革命造声势。但与此同时，我们也尝试建立一套合乎逻辑的、边学边做的渐进式方法，来创建起创意型驱动组织。当然，这不会是一段轻松的旅程，选择走这条路的管理者需要勇气和毅力，因为转变需要时间和努力。但本书中的经验教训，能指导他们在做出必要改变的时候，比前辈们少承受些痛苦，并迅速产生显著的实效。

归根结底，创意驱动型组织的改进能力和创新能力是传统组织的数倍。如果学会了如何挖掘一线员工的创意，你就能真正摆脱"少花钱多办事"的简化主义思维。你和你的员工们将在过去难以生存的环境中苗壮成长。

最后再提一句：从失败中可以学到很多东西。由于我们希望分享失败的例子，又不想让相关人员感到尴尬，于是对所有有可能遭到负面解读的故事，均隐去相关人员和机构的名字。

第 1 章 | 基层创意的力量

我们当今管理实践中存在的最大不足是什么？我们把大量的资金投向商学院和高管教育，有那么多书籍、文章和专家可供咨询，可为什么还是有无数的企业仍然完全无法发挥潜力？它们的领导者和管理者到底错失了什么样的关键？

当然，组织绩效不佳，原因肯定不止一个，但有一个限制因素显而易见。很少有管理者知道该怎样有效地利用最大的绩效改进源头——利用为自己工作的人的创造力和知识。

每一天，这些人都能看到管理者所看不到的问题和机会。他们有各种各样的创意，可以节约资金或时间，增加收入，让工作更轻松，提高生产率、质量和客户体验，或是让组织在其余方面变得更好。

一个多世纪以来，人们尝试了各种方法来推广员工创意，但鲜有成功。然而，近年来，情况发生了变化。我们很快会看到，使用全世界最佳创意系统的公司，如今通常每人每年都能执行 20 个、50 个，甚至 100 个创意。于是，它们的绩效达到了极高的水平，能够持续不断地提供创新的新产品和服务。客户喜欢跟这样的公司共事，而后者，也是员工值得为之效力的地方。

本书想要论述怎样建设这样一家组织——创意驱动型组织——从设计上就系统化地寻求来自每一个人（尤其是来自基层员工）的大量创意（并以小创意为主），并加以实施。当然，我们意识到，许多以创新性闻名的组织，在我们眼里却并不是创意驱动型组织，因为它们的创意优势来自少数极具创造力的部门，甚至来自一个孤独的天才。可不管这些组织本来有多成功，要是它们变成由创意为驱动，不光会更成功，而且将获得更多可持续的创新性。

这里举一家创意驱动型组织为例：巴西莱塔（Brasilata）。它一直被巴西科学研究与发展项目署（FINEP，Financiadora de Estudos e Projetos）评价为全国最具创新力的公司。令人感到意外的是，巴西莱塔属于有着两百年历史的钢铁制罐行业。早在 1957 年苏联发射人造地球卫星"斯普特尼克"号之前，这就是世人眼里的成熟行业。即便如此，巴西莱塔 75% 的产品，要么受专利保护，要么就是过去五年中刚开发出来的。在这样一个成熟行业里，一家公司要怎么做，才能在创新力上与那些更著名成就更高的科技、航空、能源、化妆品和时尚企业相匹敌呢？每一年，巴西莱塔都有近 1 000 名"发明家"（基层员工的职位头衔）提出近 15 万个创意，其中 90% 都得到了执行。

建立一家像巴西莱塔这样的创意驱动型组织并不容易。需要知道的东西很多，大部分还有违直觉。巴西莱塔的首席执行官安东尼奥·

特谢拉（Antonio Texeira）用了近 20 年时间，才建成能实施这套理念的流程和文化。他和他的领导团队没有现成的模式可以效法，没有能够参加的课程，没有专家可寻求建议。他们必须摸着石头过河。

今天出现了一小群（但数量在逐渐增长的）创意驱动型组织，它们的集体经验使得我们可以在管理基层员工创意时筛选出哪些举措行得通，哪些行不通。本书概述了相关的一般原则，介绍了怎样有序地将一家普通组织转变成一家创意驱动型组织。但在我们开始讨论怎么做之前，不妨深入地看一看另一家创意驱动型组织，以更好地了解基层创意的力量——这家公司位于瑞典，它的创意系统获得了好几项全国大奖。

克拉利奥-斯德哥尔摩酒店

克拉利奥-斯德哥尔摩酒店是一家位于斯德哥尔摩市中心的四星级酒店。它每年通常从每名员工那里获得 50 多个创意——差不多每个人每星期提出一个创意。克拉利奥的员工能想出这么多创意的一个原因在于，他们接受了寻找问题、洞察改进机会的培训。例如，每当有客人投诉、提问或者看上去很困惑的时候，工作人员就会全力以赴地充分探查问题出在哪儿。如果员工想到创意来解决问题，会把它输入一款特别设计的计算机应用程序。如果还没想到解决办法，则只输入原始问题。每个部门每周都会召开创意会，审视问题及其相应的创意，判断需要采取什么样的行动。我们跟几位调酒师见了面，并仔细考察了随机选取的某个月份里他们部门的所有创意。表 1.1 列出了其中部分示例。

表 1.1　来自克拉利奥-斯德哥尔摩酒店酒吧的创意

马　可	让维修部门在酒吧后面地板上钻三个孔，安装管道，这样调酒师可以把酒瓶直接扔进地下室的回收箱。
雷　扎	如果酒吧客人不多，工作不忙，调酒师可以到每位客人的餐桌上调酒，这样顾客就能看到表演了。
纳迪亚	许多顾客都问我们是否供应下午茶。目前，整个斯德哥尔摩南边，还没有这么做的酒店。我建议我们现在就开始这么做。
泰　斯	提供有机鸡尾酒。顾客经常来要，但我们不供应。
纳迪亚	克拉利奥的会议及活动销售人员，经常在酒吧跟潜在客户会面。提前告诉酒吧员工这一信息，这样他们能提高警惕，做一些特别的事情。
蒂　姆	每当酒吧推出一款新的鸡尾酒，让餐厅员工品尝一下，就类似餐厅推出新菜单或新菜品时的做法，这样，服务员才知道自己在卖什么。
弗雷德里克	酒吧早晨 9 点半开门，许多顾客都会索要小份维生素（一种特别的混合果汁饮料）。请把它们放到菜单上。
纳迪亚	请维修部门在酒吧后面员工通道的闲置区域修建些架子，摆放玻璃杯。目前，酒吧里放玻璃杯的地方太小了，只能放在厨房的二楼储物柜里，酒吧里只有两名调酒师，每天晚上他们都会有一个人上楼去取玻璃杯，每次都要花上 30 分钟，这就意味着减少了酒水的销量。
马　可	在楼上的酒吧，开门的时候，我们要花一个小时把所有开过的酒从楼下拿上来，关门时又要放回去。如果酒吧里的橱柜上安了锁，我们就不用这么做了。
玛　琳	如果客人用"欧元卡"付款，在我们的收据上会显示"欧元"。这让许多客人感到糊涂，他们以为自己是用欧元而非瑞典克朗付费的。请让会计部门联系我们的欧元卡供应商，看看能否把收据上的标题改掉。

续　表

纳迪亚	酒吧工作人员常常充当接待员，告诉人们有关酒店、本地商店、餐馆和景点的情况，还给人指路。我们的网站上有一段接待员的视频，可以把它拿到所有酒店房间的电视上播放。
泰　斯	如今我们星期天晚上 10 点关门，很多顾客都抱怨过这一点。我们的酒水执照因为多年前的一次违规行为而遭到了红点警告，如果想在星期天晚上 10 点之后营业，我们必须配上四名保安。申请去掉红点警告，这样我们深夜营业时就可以只要一名保安了。
纳迪亚	到了深夜保安有时对顾客太粗鲁无礼（保安服务是外包的）。这些保安应该跟所有克拉利奥的员工一样，参加"克拉利奥式态度"培训。
马　可	增大在大会上散发的优惠券上的字号，清楚地说明这是酒吧折扣券，而非免费饮品券。
纳迪亚	让厨房在酒吧贩卖的预包装火腿三明治上做好标记。眼下，酒吧的员工为了搞清楚它们跟火腿奶酪三明治的区别，有时甚至要切成两半才看得出来。
玛　琳	在酒吧里多接一个啤酒龙头，这样我们就能卖出更多啤酒了。如今只有一个龙头，这是个瓶颈。
纳迪亚	请维修部门在酒吧的残疾人坡道上放一些加大摩擦力的砂纸安全贴条。现在孩子们把坡道当成滑梯，酒吧员工每天都要处理轻微的擦伤刮伤。
纳迪亚	请告诉酒吧员工酒店每天住着多少客人，这样他们就能为酒吧做好备货工作，安排合适的人手。

　　在你浏览这些创意的时候，请注意五件事。第一，这些创意回应的是酒保们很容易看到但经理们就不那么容易看到的问题和机会。经理们怎么知道顾客想要有机鸡尾酒（泰斯的创意）还是维生素饮料（弗雷德里克的创意），以及如果再增加一个啤酒龙头，调

酒师们就可以供应更多的啤酒（玛琳的创意）？直接为顾客提供服务的员工更容易想到这样的点子。

第二，大多数创意都很小，而且简单明了。它们不需要太多的分析工作，实施起来也不昂贵。对于会议销售部门来说，让调酒师"提前知道"他们将在酒店的酒吧里跟一位正考虑预订大型活动的顾客见面（纳迪亚的创意），这能有多难？将分发给与会者的优惠券字体改得更大，好让优惠券的意思更清晰明了（马可的创意），或者，让餐厅员工品尝酒吧的新鸡尾酒，好让前者更有效地向就餐者销售饮品（蒂姆的创意），这些能有多难？

第三，这些创意既不是漫无目的的，也不是为了谋求自利。它们系统化地推动了酒店关键战略领域的绩效改进。它们改善了客户服务，提高了生产率，让酒吧成为一个更好的工作场所——在很多情况下，它们同时做到了这三件事。在马可想到在地板上钻三个孔，好让酒吧工作人员可以把瓶瓶罐罐直接扔到地下室的垃圾箱之前，每隔一个小时，就得有一名调酒师拖着一口装满空瓶子的塑料缸，走过长长的走廊和楼梯，再把它们分别扔进三口不同的垃圾箱。要做这件苦差事，调酒师大概有 10 分钟无法为顾客服务。一位酒保评论说，每当他们中有谁在繁忙的时段离开吧台去倒垃圾，"你就会看到销售额下降"。这些基层员工的创意将调酒师从不愉快、无法带来增值的工作中释放出来，为顾客做更多的事情，比如顾客点了特殊的混合饮料，调酒师到其餐桌边去向其展示（雷扎的创意）。想想看，如果楼上的调酒师上班之后，不必把所有的酒品库存都搬到楼上，下班之后不必把酒品又搬回楼下专门锁起来的储藏室（马可的创意），他们会多么热切地期待上班啊。让酒店成为员工更好的工作场所，同样影响着员工与顾客之间的互动。

第四，这些想法涉及酒吧运营和环境中重要但无形的方面。有多少顾客不会再因为粗鲁的保安或是从残疾人坡道上往下滑的熊孩子而远离（纳迪亚的创意）？在酒店行业，这些无形的因素往往决定了顾客是否还会再来。

第五，作为一个整体，这些创意说明员工对酒吧的能力和顾客有着深刻的理解，这种认识只有在基层工作的人才能拥有。

来自酒吧的创意清单诚然会给人留下深刻的印象，但更叫人印象深刻的是，克拉利奥-斯德哥尔摩酒店的每个部门，每个月都收集类似的创意清单，而且这么做好几年了。这些创意里的每一个，都以某种小小的形式提升了酒店的品质，随着时间的推移，它们累积的影响是巨大的。这样的创意绩效水平，并非偶然出现的。它要求领导团队：（1）理解基层创意驱动组织往理想方向发展的力量；（2）愿意优先考虑基层创意；（3）调整酒店的系统和政策，支持基层创意；（4）让管理者承担起鼓励、实施基层创意的责任；（5）提供必要的资源，运行创意型组织。在本例中，回报就是酒店能够以更有竞争力的价格提供更好的服务，引起顾客的注意和赞赏。有一回我们去参观斯德哥尔摩，正值瑞典受全球经济衰退的影响，但在克拉利奥却订不到房间。这家酒店在其后 9 个月的大部分时段都已经被订完了。

员工的创意，在很多重要的方面都帮到了克拉利奥。但许多领导者想知道的是：良好的创意系统能带来多大的影响？就在斯德哥尔摩的另一边，我们找到了一家真正衡量了这种影响的公司。

底层创意的影响：80/20 法则

几年前，可口可乐的斯德哥尔摩分公司在半升装可乐生产线上碰到了一桩麻烦事。装满并盖上瓶盖后，瓶子会传送到一个 90 度的转角，经电子眼的扫描，确保每一瓶可乐都已经装满。如果有哪瓶汽水没装满，就会激活一道气动活塞，把灌装不正确的瓶子推下生产线。只要瓶子之间的间隔合适，整个流程就运转得很好。只可惜，瓶子转过拐角时，有时会挤到一起。这样一来，气动活塞把一瓶汽水推进废品道时，下一瓶（它跟前一瓶汽水有接触）会略微位移，有时甚至碰到废品道的边缘，翻倒，挡住生产线。由于生产线每秒通过 10 瓶可乐，很多瓶都会撞过来，可乐四溅，造成巨大的混乱，在操作员停下生产线时，许多瓶可乐已经被毁掉了。这样的生产中断情况，每天会发生两到三次。

两支六西格玛黑带项目团队都未能解决这个问题，他们认为，这是瓶子和拐角导轨之间的摩擦造成的。[1]两支团队尝试了很多不同的方法：调整生产线速度，沿着弯曲的导轨加装各种摩擦条，调整瓶子之间的间距——全都没什么作用。最终，两支团队都只能想出更快清理事故后烂摊子的方法。

讽刺的是，黑带团队失败后，一个来自装瓶生产线上工人的简单创意，解决了这个问题。解决办法是减少导轨和瓶子之间的接触面积。在导轨和安装支架之间插入一片钢垫圈，让导轨稍微向内倾斜，只有上边缘接触瓶子（见图1.1）。这减少了摩擦力，避免瓶子挤到一起。这个创意省去了清理泄漏液体带来的大量麻烦，减少了装瓶生产线的停工时间，直接抹掉了每年15 000美元的产品损耗费。而这，只是当年执行的1 720个基层创意中的一个。

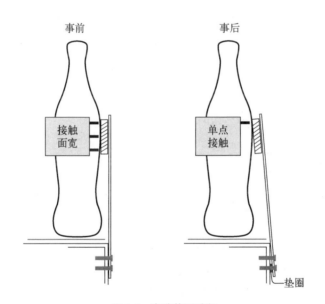

图 1.1 半升装可乐瓶

有趣的是，几年前，可口可乐总部曾要求企业下辖的瓶装公司实施六西格玛，以推动改进。每个单位应该：（1）培训一支黑带和绿带骨干队伍；（2）专注于六西格玛改进项目，节约大规模的账面货币；（3）力争达成高灌装产能利用。在有效的创意系统之上执行六西格玛，这提供了一个难得的机会——比较管理层驱动的改进方法和基层驱动的方法所带来的相对影响。在加入可口可乐公司之前，负责此事的总经理曾在瑞典卡车制造商斯堪尼亚（Scania）工作，后者非常重视基层创意。她来到可口可乐的斯德哥尔摩分公司之后，立刻就将高绩效的创意系统付诸实施。等到六西格玛计划全面运转起来时，瓶装部门已经要求每人每年提 15 个创意了。

总经理使用图 1.2 所示的图表，说明每一项节省成本的改进举措相对做出了多大的贡献。例如，2007 年完成了 2 个黑带和 5 个绿带六西格玛项目，总共节省了 250 万瑞典克朗（当时，1 美元约等于 6 瑞典克朗）。但 1 720 个来自基层的创意，节省了大约 800 万瑞典克朗，占全部节省成本的 76%。依靠这样的洞察力，公司更加重视来自员工的设想；2008 年，这一比例上升至 83%。2010 年，该

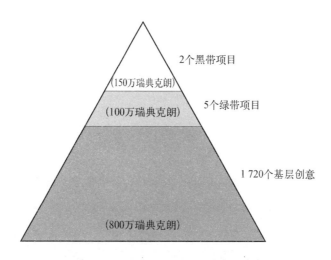

图 1.2 可口可乐斯德哥尔摩分公司的改进结果

公司不再追踪基层创意节省的成本，因为这些创意带来的经济效益已经非常明显了。

所有这些创意都帮助可口可乐斯德哥尔摩分公司瓶装厂在绩效的方方面面超越了同行。它的生产率、质量、安全、环保性能和客户满意率位居全球第一。斯德哥尔摩分公司唯一一项没能拔得头筹的关键指标是产能利用率。它的利用率在 60% 左右，在这一指标上的排名居于平均水平。总经理告诉我们，这是因为大量的基层改进设想使它的瓶装产能不断提高。

可口可乐公司的数据反映了所谓的 80/20 改进原则：一家组织大约 80% 的绩效改进潜力来自基层创意，只有 20% 来自管理层推动的举措。

管理者往往很难接受这样一个事实，即基层创意带来的改进潜力比自己强 4 倍。但我们已经目睹了许多例子。这里还有一个很合适的例子：几年前，美国海军的一座技术支持基地一方面要大力提升其支持水平，同时还承受着国防预算要求它大幅削减开支的压力。基地指挥官认为，要应对这些互相矛盾的需求，必须设立一套高绩效的创意系统，便向我们寻求帮助。

在我们最初的一次培训课程中，若干高层和中层管理者对把宝贵的领导层注意力放到获取基层创意上心存疑虑。在随后的讨论中，我们提出了 80/20 法则，并指出，如果实验室不跟随基层创意，它再努力也最多只能发挥 20% 的创新和节约潜力。一位持怀疑论调的与会者，也是基地的顶尖改进专家兼精益六西格玛黑带导师，突然起身离开了房间。

他很快回来了，并报告说，他起初认为 80/20 的说法言过其实，可见他刚才离开，是去核对基地自己的数据了。尽管基地的精益六西格玛项目主要是被当作管理层推动的改进工具，但它也的确允许由基层员工发起"草根"项目。黑带导师提取了前一年项目的数据，将草根项目实现的成本节约数据从中分离出来。领导团队预先估计，精益六西格玛将为其节省 680 万美元——管理层发起的项目节省 540 万美元（79.4%），基层发起的项目节省 140 万美元（20.6%）。但真实的节省情况却与预期恰恰相反：只有 120 万美元（17.6%）来自管理层发起的项目，560 万（82.4%）来自草根项目。

讽刺的是，多年前，我们在密苏里州开普吉拉多市的达纳汽车零部件制造厂第一次遇到 80/20 现象时也并不相信。当时，这家只有 30 名员工的小厂，每人每年要执行近 36 个创意。我们跟厂长交谈，他不经意间提及，自己业务 80% 的改进都来自基层创意。我们那时候已经研究并使用创意系统 10 多年了，即便已算得上见多识广，也并未把他说的话当真。在我们看来，这只是一种自谦的说法，是对他基层员工的慷慨认可。但它的确促使我们思考了基层创意的相对影响。于是，每当我们碰到类似情况，我们就动手收集数据，这么多年来，我们发现它惊人地一致。不管是服务业、制造业、医疗保健还是政府部门，一家组织 80% 的改进潜力来自基层创意。

根据我们的经验，如果领导确信 80/20 原则成立，他们就会意识到自己的疏忽，并希望在组织中建立起高绩效的创意系统。然而，他们必须谨慎。较之建立创意流程并将它推广到现有组织当中，真正从基层员工那里获得这些创意，还涉及更多的事情。

建立创意驱动型组织

过去几十年，美国家具制造商惨遭全球竞争的沉重打击。低成本的外国竞争对手逼得许多家具制造商倒闭，或是将生产转移到海外。今天，全美销售的所有木制和金属家具，75% 以上来自进口。仅在北卡罗来纳州，就有 200 多家家具制造商倒闭，5 万名家具工人失业。然而，该州一家名叫"胡桃木椅"的公司，在这个艰难时期的业绩却十分亮眼。

1996 年，公司 49 岁的总裁突然去世之后，原本负责市场营销的副总裁杰伊·雷尔顿（Jay Reardon）被任命为总裁。他上任后的第一个举措是对公司的状况进行了一番彻底的分析，并记录下了一种让他在颇长一段时间里感到困惑的趋势。此前的 10 年，公司家具的年销售量从 13.7 万件降到了 8.7 万件。"胡桃木椅"还能维持经营的主要原因是，它能每年提高售价，弥补下降的销售量。为此，该公司家具的平均单价从 300 美元一件涨到了 900 美元以上。但它持续涨价的能力很快就要见顶了。近来，一些低成本的竞争对手进入了"胡桃木椅"公司的 18 和 19 世纪仿古家具市场，并已经将它的价格降低了 20% 到 25%。

雷尔顿意识到，为了生存，"胡桃木椅"必须弄清怎样为客户提供更多的价值。它必须大幅降低成本，提高质量，增强响应度。雷尔顿公开承认，他所掌握的家具制作知识十分有限，但他知道怎样应对整个挑战。他之前在纺织公司米利肯（Milliken Corporation）工作，在他任职期间，这家公司每名员工每年要实施 80 多个创意。[2]米利肯家族曾连续有 4 代人以几乎完全自上而下的方式管理公司，而新一届的首席执行官罗杰·米利肯（Roger Milliken）将它转变为一家由员工创意驱动的企业，在此过程中，还从根本上提高了公司的绩效。

雷尔顿提出了类似的变革计划，希望让"胡桃木椅"的基层员工参与改善公司，他的领导团队对此强烈抵制。美国家具制造企业有着悠久的专制管理传统，"胡桃木椅"也不例外。雪上加霜的是，雷尔顿的好几名副总裁，就是跟他同时候选公司最高职位却又未能成功上位的人，对他的提议免不得明里暗里地从中作梗。

跟管理团队纠缠了近一年之后，雷尔顿决定把自己的计划直接放到基层。他在当地一所社区大学召集了大约 400 名员工，向他们展示公司家具价格上涨、单位产品销售量稳步下降的趋势。他解释说，这样的趋势无法持续，并告诉工人们，自己需要他们的帮助。接着，他介绍了自己的创意项目概念。

雷尔顿开始定期在工厂里巡视，跟工人们交谈。每当有员工向他提出问题，他都确保问题能够得到解决。有人告诉他，工厂的洗手间状况很差，主管们只使用管理部门的洗手间，他立刻进行了检查，吩咐维修人员把洗手间修好，保持清洁。听说一些主管公然做出不当行为（比如替没上班的女朋友打卡，优先安排朋友加班领加班费），雷尔顿做了调查，最终解雇了其中几人。

　　他还继续给自己的管理团队做工作。对几个态度最为顽固的副总裁，他让他们自己选择：要么立刻离职，要么可以留任 6 个月，以便寻找新工作，条件是不采取任何伤害公司或妨碍雷尔顿的行动。在接下来的几年里，大约 70% 的管理者要么被解聘，要么主动离开，因为他们的管理风格无法融入基层员工被高度授权的工作环境。在此过程中，整个管理层级被彻底取消了。

　　雷尔顿推行自己的创意行动大约两年后，改进的速度开始放缓。阅读了几本有关丰田供应商支持中心（这是丰田公司为培养北美供应商而设立的组织）工作的书籍后，雷尔顿联系了这家组织，看它是否愿意帮助"胡桃木椅"。尽管"胡桃木椅"并非丰田的供应商，传奇的丰田老师大庭一（Hajime Ohba）还是答应到北卡罗来纳州待一天，看看能做些什么。

　　大庭一抵达之后，雷尔顿和几位经理带他参观工厂。双方正说着话，警报响了起来。经理们无视警报，继续说话。大庭一打断他们："这是什么？"

　　"生产线停工警报。"

　　大庭一走到生产线旁，询问一位员工："生产线怎么停了呢？"

　　"传动链被线头给堵住了。"

　　"传动链为什么被线头堵住了？"大庭一问。

"我们没时间清理线头，因为主管告诉我们说没时间，我们必须抓紧生产。"

大庭一笑了，"这下好了，你们有的是时间了"。

然后他转向经理们说："生产线停转的原因，是主管妨碍操作员做自己明知道正确的事情。"

雷尔顿回忆说，这件事对他和经理们来说都是一个醍醐灌顶的瞬间。"我们就像一群鹌鹑，站在那里喋喋不休。警报响了，我们还在继续说话。可大庭一却直接走向了问题的根源，着手推动问题的解决。员工其实知道需要做些什么。我们意识到，主管其实经常是碍事的。"

在接下来的十年里，"胡桃木椅"的质量、响应能力和创新能力大幅改善。它不仅生存下来了，而且更茁壮地成长。半成品库存减少90%以上，交货时间从16周缩短到1.5周，公司几乎彻底清除了成品库存。它引入了好几条新的设计师家具生产线，公司90%的家具新增了定制选项，交货周期却并未因此拖长。"胡桃木椅"外包的亚洲的制造业务，有一半又回到了美国本土。除了2008年经济衰退时期，公司的年销售额均以两位数字的速度增长，利润率提高了，价格却维持稳定。"胡桃木椅"的资产回报率增加到近50%。

请注意，雷尔顿不光建立了一套获取基层创意、等待创意涌入的流程。他有很多事情要解决，包括对他的员工、对他的组织。他需要纠正改进之路上一些挡道的严重问题，重新打造自己的管理团队，学习并应用创意管理上的最佳实践，获得基层员工的信任和尊重，培训员工并赋予他们权力。

为什么创意驱动型组织十分罕见

这就带来一个明显的问题。既然像"胡桃木椅"这样的组织已经通过基层员工的创意取得了了不起的成就，为什么世界各地的领导者们不乐意原样照做呢？

答案分为两部分。首先，我们在"胡桃木椅"一例中看到，建立一家以创意为导向的组织需要付出很多努力。其次，相信基层员工会做对组织最有利的事情，有违传统的管理实践。

这里有一个十分有趣的典型例子：有一回，我们受邀去帮助新英格兰地区的一家公用事业公司，该公司当时正承受着削减成本的巨大压力。我们首先花了好几天观察公司的各个部门，了解它怎样运转。一天，我们在地区仓库跟一群工人和主管交谈，这里存放着电线、电缆，以及维修工作所需的设备。他们笑着说起上面源源不断地推出荒唐的削减成本举措。他们觉得最近出台的一条政策特别滑稽，公司想要减少每个仓库的变压器库存。该政策规定，每个仓库保留的各种规格的变压器不得超过两台。但工人们告诉我们，哪怕只是下过一场小雨，也会消耗光最常用的小型变压器库存，逼得工人们不得不安装更昂贵、更大型的变压器。事实上，就在前一周，他们还被迫额外调派人手和设备，安装一台价值 50 万美元、只为临时使用的全新变压器，以便替换先前价值仅为 2 000 美元的那款。等订购并收到新的小型变压器之后，工作人员又必须回去取出大型变压器，重新安装好小型变压器。

毫无疑问，公用事业公司的经理们认为自己的新政策很合理。他们承受着巨大的压力，因此我们很容易理解，减少额外的库存既可以释放急需的运营现金又能削减成本，这将是一个多么诱人的目标。我们也很容易想象，这些经理怎样审查仓库里的供应库存，注意到昂贵的变压器。到目前为止，一切都是合理的。他们错误的地方在于，在制定新的库存政策时，没有向懂得该政策将为运营带去什么样影响的人请教。

新的变压器政策是在基层作业现场之外的地方做出的，建立在只讲述了部分事实的数据之上。而经理们在吹嘘自己高明的削减成本手段的同时，却推高了公司的运营支出，给基层员工带来了巨大的压力，平添了毫无价值的工作负担。

面对同一类型的问题，公用事业经理们的举动，跟"胡桃木椅"的杰伊·雷尔顿形成了鲜明的对比。雷尔顿同样查看了数据，意识到自己需要削减成本。但那之后，他直接去找那些基层员工，他们掌握着完成这件事所需的具体知识。新英格兰的公用事业经理们是发现问题、提出解决方案并下令实施；而雷尔顿却是发现问题，告知基层员工，并向后者请教解决它的最佳创意。他的方法不是由最高层主导、最高层驱动的命令-控制式方法，而是由最高层主导却由基层驱动的方法。雷尔顿实现了预期结果，而公用事业公司的高管们没有。

　　针对为什么由高层主导的自下而上式方法更为有效这个问题，诺贝尔经济学奖得主弗里德里希·哈耶克（Friedrich Hayek）提出了见解。[3]他把知识分为两类：一种是关于组织的聚合型知识，一种是跟时间和地点等特定环境相关的知识。高层管理人员大多掌握的是聚合型知识，它源自对高级别数据和绩效数字的处理。这些数字是通过量化、简化，将组织内外发生的所有活动的结果综合起来而得出的。这些数据提供了一幅有关整体绩效和趋势的清晰画面，这是制定战略级决策、确定组织方向所必需的。雷尔顿就是这样使用此类数据的。但他知道，对另一类的知识，高层管理人员往往掌握得并不太多，因为他们看不到生成聚合信息的大部分细节。故此，他们欠缺能力做出一些较小的决策，而这些决策才是真正能促成其追求之结果的。如果他们真的做出了此类决策，其下达的命令也不过带给了他们"一切尽在掌握中"的错觉罢了。

　　管理者很容易误以为自己最了解情况，自己的工作就是发布命令，确保命令得到执行。在第 2 章，我们将讨论为什么随着人们在组织中一级一级地晋升，往往会不由自主地受到命令-控制式思维的吸引。接着我们将讨论需要怎么做才能抵消这股引力，培养出有能力建设、领导创意驱动型组织的管理团队。

针对创意重新调整组织结构

　　我们经常在研讨会上给参与者布置以下任务：从你所在的组织里识别出一项自下而上的改进或创新，采访支持它的人，并简要记下他们的故事。等与会者向人们展示自己的调查所得，详细地讲述自己采访对象的英勇行为时，一定会有一连串的恐怖故事浮出水面：采访对象要克服管理层的漠然或反对，要跳过繁琐的政策和规则，其他部门的人并不合作，关键参与方不想改变，还有大量形形色色荒唐又琐碎的行为和制度障碍。在倾听这些故事的过程中，总会有人忍不住发问："为什么这些组织和管理者就是要妨碍员工执行好创意呢？"这话问到点子上了！

英雄故事是创新和改进中反复出现的一个主题。经历了多年自上而下、强调控制和一致性的运作方式，组织里对自下而上的创意设置了各种各样的障碍，而支持这些创意的人，必须要逐一克服障碍。或许，建立一家创意驱动型组织最具挑战性的环节，就是根据创意来重新调整它——换句话说，就是将阻碍创意流动的失调彻底根除掉——这样，组织才能跳出"支持者跟障碍作斗争"的创新和改进模式。

很多时候，这种失调是在不知不觉中困扰绩效多年的问题，但由于其影响难以确定，因此得到了容忍。可一旦建立起了创意系统，创意数量猛增，这些失调的影响就会变得清晰很多，令管理者无法再忽视。

为创意而重新调整组织的过程永远没有结束的时候。起初，由于最简单的创意也会遭遇令人沮丧的执行延迟，故此，不少失调是很容易识别出来的。在我们合作过的诸多组织中，我们都曾碰到过这样的例子。有一家专业制造商，哪怕只是想要花上区区几美元来检验或执行很小的设想，工人和主管也不可能做到；有一家全国性的奢侈品连锁零售商，哪怕是很小的改进，也需要获得委员会批准，或是让无数的经理签名；一家欧洲保险公司，最小的变更请求，也会积压足足 3 个月；还有一家联邦机构，信息技术积压长达 3 年！

随着组织在管理创意方面变得更加成熟，不太明显的障碍相继浮出水面。例如，一些最不明显、最难纠正的失调现象，是源于政策过时，或政策本身没有做好概念推广。政策是一切组织运行的重要环节，但正如我们将要讨论的那样，它们往往会带来意想不到的后果。整个组织里有许多人都尝试从自己的角度出发去应对各种情况，而这些人在制定政策的时候，往往不会考虑自己的政策对创意的流动有什么样的影响。

第 3 章和第 4 章讨论了常见的失调和纠正方式。第 3 章解释了创意驱动型组织运用什么样的机制，让基层创意聚焦于关键的战略目标。第 4 章是关于如何重新调整组织的管理系统，以促成创意的顺畅流动。而该章的一个重要部分是关于政策制定，我们将简要介绍怎样制定更有效的政策，如何应对糟糕的政策。我们还将具体介绍一家美国地区性银行为修正或消除失调的政策而建立的"消灭愚蠢规则"（Kill Stupid Rules）流程。

有效的创意流程

几年前，一家全国性特产零售商的高级副总裁决定在自己的部门开展一场员工创意活动。他斥巨资制作了一段鼓舞人心的视频，举办了一场声势浩大的发布会，并向经理们施压，要求他们跟进员工的创意。此后的两个月，员工提交了 800 多个创意。这场活动似乎大获成功。可 5 个月之后，首席执行官单独邀请我们去执行一套全公司范围的创意系统后，前面提到的 800 多个创意中只实施了 6 个。除此之外，高级副总裁的几位同事告诉我们，他们认为这次活动是一项重大失败，但高级副总裁自己仍然保持乐观。他不明白自己造成了多大的伤害。他把自己的信誉押在了一项考虑不周的努力上，员工提交的创意竟然只使用了不到 1%。超过 90% 的建议者甚至没有收到只言片语的回复。再也没有什么比这更能破坏员工的信任了，员工很难再相信高层愿意倾听自己的设想了。

那位高级副总裁并没有意识到，建立创意系统更多地涉及创意的管理，而非单纯地收集创意。员工不知道什么样的创意重要，高级副总裁也没有分配时间或资源来评估收集到的创意，他手下的管理者在没有接受任何适当的指导和培训的情况下就被迫投身于这场活动，这使得他们拿不准自己要扮演什么样的角色，也不曾掌握一些必不可少的技能。

这位高管犯的错误并不罕见。多年来，我们见过许多领导者因为相信创意流程很容易启动和运行，就把它们建立了起来。但他们不知道高绩效创意流程是什么，更不知道需要些什么才能建立和启动高绩效创意流程。从一开始，他们的计划就注定只能带来平庸的结果，甚至彻底失败。

第 5 章解释了高绩效创意流程是怎样运转的。尽管所有这些系统都有着相同的原理，但在实践中，它们看上去或许有着很大的差异。每一家组织都是独一无二的：每一家组织都有自己的文化、性格、操作系统和规范、产能和历史。良好的创意系统并非独立程序。设计伊始，它就要跟组织的其他大量环节协同工作。在第 6 章，我们会一步一步地解释怎样设计、启动高绩效的创意系统。我们将讨论经常出现的陷阱和问题，并提供应对策略。

获得更多更好的创意

本书作者之一，最近在本地一家小餐馆有一次有趣的经历。女招待为他端去饮料时，顺手放下了一份纸餐垫和一副刀叉，叉子尖还残留着一片很大的煎蛋残渣。她看了一眼叉子，又看了看作者，走开了。

要是作者是在丽思卡尔顿吃早餐，那把脏叉子根本没法靠近桌子。酒店对员工进行培训，让他们对最轻微的服务问题都保持敏感。对小餐馆里的女服务员来说不成问题的事情，到了丽思卡尔顿酒店就是个大问题。

创意始于问题。如果人们看不到问题，就不会去思考如何解决。因此，对问题保持敏感，是创意的关键驱动因素。组织刚开始建立高绩效创意系统时，通常会出现一波创意潮，指向困扰人们很久的问题。但等所有明显的问题都解决了之后，员工们的创意就逐渐耗尽了。补救办法是培训，培养他们对新类型的问题保持敏感。

在第 7 章，我们将介绍一些经过验证的方法，创意驱动型组织利用它们帮助自己的员工发现不同类型的新问题，以便提出更多更有用的创意。例如，"创意活性因子"会向人们介绍改进工作的新方法。"创意发掘"则可用于从已经提出的创意中挖掘新视角。我们所讨论的此类方法，可以在极短的培训模块里配备，让员工和管理者都带着改进机会充裕的感觉（而不是创意稀缺的感觉），接近创意的生成。

创意系统和创新

几年前，我们的一名学生晋升为华尔街某投资银行的副总裁，负责让银行变得更具创新性。他打电话问我们："我应该怎么做？我应该从什么地方着手？"

许多领导者都在为这些问题纠结，最终还打着创新的名号做了各种一般而言毫无效果的事情。对于大多数人来说，他们的第一步应该是建立一套高绩效创意系统。想要获得更多突破性创新的领导者，竟然应该把从基层获取创意作为首要任务，乍看起来这有些奇怪。但这里有很多原因，足以解释为什么持续地生产成功的突破性产品和服务的能力，取决于获取大量基层小创意的能力。

若干年前，我们有机会追踪巴西莱塔（本章开头介绍过这家巴西企业，在那里，每名员工平均能提出 150 个创意）一款获奖钢罐的开发情况。创意的源头来自一位会计职员，出于偶然，她看到了一位产品设计师设计的新钢罐原型。女会计对男设计师说，只要稍加调整，它就能变成一款称手的容器，用来装好几种她经常用的烹饪材料。她的观察恰逢其时，因为那时候，巴西莱塔主要为非食品类产品生产钢罐，而管理层正在寻找适合打入食品市场的产品。

在跟踪新钢罐如何开发的过程中，有一次，我们跟生产部门的一群装配工人交谈起来。这些钢罐的一个亮点，需要经过一些特别巧妙的加工才能实现，而我们想要把它们搞清楚。

"顺便问一句，"我说，"这个亮点是谁想出来的？"

这个问题引发了一阵简短而激烈的葡萄牙语讨论。接着，一名员工转向我们，说："我们记不得是谁想出这个主意来的了，不知道是我们还是研发部。"

我们又回到研发部去打听，可那儿也没人记得清了！

这个故事说明，创意在巴西莱塔内部自由流动。创新渗透进了它业务的方方面面。它能够开发出成熟、复杂的技术，远比其他商用同类品要灵活，成本还仅为后者的一小部分。所有这一切，使得巴西莱塔能够源源不断地生产出竞争对手无法复制的突破性产品。

在第8章，我们解释了创新和基层创意之间多层面的互动，这种相互作用，大多数管理者都没有意识到。出于这个原因，他们的组织远没有发挥出应有的创新性。讽刺的是，对大多数组织来说，最有力的创新推动者，却是领导者最难想到的人。

第 2 章 | 一种不同的领导力

近 30 年前，内布拉斯加州立大学的弗雷德·卢桑斯（Fred Luthans）教授发表了一项有趣的研究。研究发现，"成功"的管理者（迅速获得晋升的人）和"高效"的管理者（所辖单位绩效出色）在分配时间上大有不同。[1] 迅速获得晋升的管理者，会花更多时间建立人际关系、搞职场政治，而高效的管理者会把时间用在单位建设和员工培养上。简单地说也就是，卢桑斯发现，组织提拔了错误类型的管理者。而且，由于被提拔最快的管理者，最终也会把持最高的领导岗位，卢桑斯的研究还含蓄地指责了大多数组织选择领导者的方式。

虽然这一研究是近 30 年前做的，但我们相信，他的发现如今仍然成立。光凭这些发现就可以解释，为什么关注基层员工的领导者如此罕见，但实际情况恐怕还要糟糕得多。就算组织提拔了合适的管理者，随着这些管理者在等级制度中上升，大量的环境因素也会对其产生影响，轻而易举地破坏他们对基层员工的尊重，导致管理者忽视员工创意的价值。

本章中，我们将讨论人们获取权力时经常表现出的失调行为，以及出现这些行为的原因。接着，我们要去看一看创意驱动型组织怎样应对这一问题，让管理者调动基层员工，重视后者的创意。

为什么领导者对基层创意视而不见

在管理者的日常工作中，总有无数的信号在提醒他们注意到自己的优越地位。他们穿西装，拥有私人办公室，他们是晋升人选，受教育程度更高，薪水也比下属高得多，而且人人都服从他们。他们是掌权的人。由于所有这些信号不断提醒他们——"你们比员工更优越"，管理者很容易渐渐信以为真。而这种错误的信念，会使得他们做出一些高度功能失调的行为。

管理者优越感的一种表现方式是薪酬与员工差距过大，并可享受不相称的特权。一个多世纪前，J. P. 摩根就从客户公司中观察到一个有趣的模式。级别间薪酬差距过大的组织往往绩效不佳。故此，如果一家公司上下级之间的薪酬差异超过30%，他就不会投资这家公司。摩根指出了一件很重要的事情。如果公司内部等级之间的差异过大，组织内部无形的信任、沟通和尊重结构就会瓦解，从而带来巨大的隐性成本。[2] 从创意的视角来看，管理者倾听下属意见的能力大大降低，下属提出想法的意愿也萎靡低落。

在帮助一家欧洲港口和物流公司建立创意系统时，我们遇到了一个很好的例子，说明了不同层级之间的极端差异，对创意流动会产生什么样的有害影响。我们顶着一场湿漉漉的暴风雪抵达港口（暴风雪大幅干扰了环境的能见度），却发现停车场已经满了。但在总部大厦的正前方，却有一排基本没人使用的位置。而且，这些位置上方都有蓝色的遮阳天棚，一直延伸到大厦门口。我们简直不敢相信自己的好运——访客停车场就在眼前，还有遮挡，不受天气影响！我们把车开到一个空位，开始下车。一位穿着得体的接待员从大厅里匆匆走出来，对着我们说："你们恐怕不能把车停在这里，它是高管专用的。"我们只好回到车里，又转了几圈，最后挤进停车场后面的一个地方。等我们跑进大厦，浑身都被暴风雪弄得湿透了。

事实证明，把车停在蓝色遮阳棚下的权利，是高管们小心守护的一项特权。该公司总部位于亚得里亚海沿岸，靠近意大利一侧的阿尔卑斯山。冬天雨雪很多，而在夏天，地中海炎热的太阳又炙烤着所有停放在开阔地上的汽车。那遮阳棚意味深长。它在日常生活中强化了高层管理者比员工更有价值的感知——他们冬天不应该淋得透湿，夏天不应该钻进闷热的汽车里；它还提醒员工们："你们是二等公民。"

我们受邀前来，是因为该公司的业务正在被更灵活的竞争对手抢走，最高管理层建立了一套创意系统，希望能获取员工的创意，降低成本。遗憾的是，少有创意涌入，而且无一得到实施。总经理和他的团队认为问题出在创意系统的机制上，但真正的问题在于，高管团队和工人之间存在深深的隔阂。蓝色遮阳棚是我们在这方面注意到的第一个迹象。不管这家公司的领导怎样调整创意流程，除非他们改变自己的行为，否则，他们无法从员工那里获得太多提高企业竞争力的帮助。

倘若管理层优越感所带来的额外特权，躲开了公众的视野，有一些可能会变得荒唐可笑。在加利福尼亚州里弗赛德县，就有一项这样的特权，它基本上反映了该县行政人员对员工的态度。县政策规定，所有为县政府洗手间购买的卫生纸必须是双层的。然而，县长却悄悄地把县里行政人员洗手间所用的卫生纸升级成了更昂贵、更柔软的四层厕纸。就在县政府宣布为应对预算危机雇员必须减薪10%之后，有举报人向媒体"披露"了这项特权。媒体对"洗手间厕纸门"事件做了铺天盖地的负面报道，尴尬的官员们羞怯地用回了两层厕纸。[3]

不管是专用停车位还是独立卫生间，管理者们根本不需要奢侈的身份符号来彰显自己比员工更优越。一旦管理者信以为真，他们也就很容易相信自己比员工见多识广。

权力怎样削弱创意领导力

只要组织的领导者愿意做，过多的特权和工资差别其实相对容易消除。遗憾的是，权力对人的腐蚀作用，远远不止高管拿公司的钱挥霍或是给自己买更柔软的厕纸这些事；而且，许多腐蚀作用也并没有这么明显。

学界早已对权力如何影响人的问题做了大量的研究。20 世纪 70 年代初，斯坦福大学心理学教授菲利普·津巴多（Philip

Zimbardo）做过一项经典的、非常具有启示意义的研究。他进行了一场恶名昭彰的实验，也即现在所称的斯坦福监狱实验。[4]津巴多和他的研究团队在心理学系大楼的地下室建造了一间模拟监狱。他招募了一批聪明、健康、正常的男学生，并将他们随机分为两组：警卫和囚犯。实验精心再现了真实监狱里狱警和囚犯之间的权力关系。就在实验开始的那天，帕洛阿尔托的"警官"们便在"准囚犯"做日常事务时逮捕了他们。囚犯们被关在牢房里，受狱警的"完全镇压"。整场实验由研究人员全程观察，并录音录像。尽管这场实验计划持续两周，但事态很快就失去控制，仅 6 天后就流产了。狱警虐待囚犯，让后者濒临精神和肉体崩溃的危险境地。一些视频片段令人震惊，几名"囚犯"在此后的几年里出现了严重的心理问题。监狱实验中所出现的虐待，跟 2003 年和 2004 年美军负责管理伊拉克巴格达中央监狱时发生的虐待惊人地相似。[5]最终，实验带来了一项重要的新认识：环境背景凌驾于人的自然性情之上，并从根本上改变人的行为。在世界范围内，以人为受试者的实验的监管规则也因此发生了重大改变。

　　津巴多这极具挑衅性的研究结果，激发了大量有关权力对个人行为影响的学术研究。例如，亚当·加林斯基（Adam Galinsky）、德博拉·格林费尔德（Deborah Gruenfeld）、乔·马吉（Joe Magee）（其中，德博拉是津巴多在斯坦福的同事）进行了一项特别有启发意义的后续研究。[6]他们注意到：

在特殊情境下执掌权力的体验，会产生一连串的特性和倾向，并在人的情感、认知和行为中表现出来。

很容易看出，这些"特性和倾向"，对人接受下属意见的能力会带去直接的负面影响。例如：

- 权力简化了人的思考，削弱了他考虑不同选项的能力。
- 权力导致人的物化，也就是说——将他人视为达成目的的手段，而不是把他们看成真正的人。
- 有权力的人不太会认真倾听，很难把别人本来就知道的事情纳入考量。
- 有权力的人不会过度规范自己的行为。他们变得以自我为中心，只沉迷于个人的利益，忽视了他人的利益。
- 有权力的人在评估他人利益和立场时不够准确，对他人观点也很难秉持开放心态。

在我们自己的工作中，我们经常看到权力带出了当权者的这些倾向，并眼睁睁地看着它们破坏组织有效运作所必需的信任和尊重。最近，一家大型制药公司新上任的首席执行官聘请我们设计并领导一个高层管理发展项目，旨在提高公司的创新和改进能力。我们先花了一整天的时间采访经理和员工，试图了解该项目需要解决的问题是什么。很快，一幅组织功能失调、士气低落、员工受恐惧摆布的画面就浮现出来。那天结束的时候，我们跟首席执行官聊了一个半小时，以期更好地理解他希望即将启动的项目实现什么样的目标。首席执行官的态度很明确——他对自己的经理没有好感，希望改组他们。

"我设定了未来三年每年销售增长 30％的目标，"他说，"我需要他们跟得上。"

"你是怎么想到这个目标的？"

"哎呀，我其实就是随便想出来的。"首席执行官笑着回答。我们做了进一步的刺探，发现他从没仔细考虑过这个苛刻的目标，也没想过它到底能不能实现。有足够的市场需求吗？为了提高产量，公司的实体工厂需要做哪些调整？有哪些资源可以用来扩大产能，提升销量？需要增加哪些员工？在什么岗位上增加？这些基本问题里的任何一个，他想都没想过。

当天晚上，首席执行官邀请我们和参加这个项目的经理共进晚餐。谈话一度转向了该公司一家工厂最近发生的环境事故。大量滚烫的液态石油膏意外排放到了城市的污水处理系统，冷却凝结之后造成了堵塞。因此，餐桌上的两位高级经理，受传唤要参加次日的听证会，他们很担心公司会被吊销使用排污系统的许可证。首席执行官对这件事却完全不上心，实际上，他还拿漏油开了好几次玩笑，并对当地的环境法规发表了一些贬损性的评论。接着，他吹嘘说："我搬到这儿（一个环境法规很严厉的东海岸州）之后做的第一件事，就是偷偷塞给我的垃圾清理工几百美元。现在，我根本不担心什么垃圾回收或者有害废物——反正我扔出去的所有东西，他都会运走。"他的管理团队明显目瞪口呆。

在管理培训项目推进的过程中，明显可以看出领导团队成员不信任也不尊重首席执行官。他们觉得他只顾自己，不愿意解决公司的真正问题。但由于几款成功的新产品在他刚加入公司时恰好上线，公司销售业绩强劲，预期也很乐观。只要首席执行官能保证董事会只听他希望他们听的意见，他的饭碗就很稳当。根据卢桑斯理论，这是一位"成功"管理者的典型例子，而且，在他身上也集中体现了权力给人带来的所有消极行为和认知局限。

还击

2013 年，高层指挥官爆发了一连串尴尬公共丑闻之后，美国陆军将军、参谋长联席会议主席马丁·邓普西（Martin Dempsey）建立了一套针对高级军官的全新"360 度"评价体系，也就是说——这套系统会从军官们的直接下属和同僚那里寻求对其个性和能力的评价。按《纽约时报》所说：

> 邓普西将军说，对高级军官的评价，必须超越仅由高级军官审查其专业绩效的传统方式，仅由高级军官对专业表现进行的传统评估……必须从更丰富的角度去评估其能力和性格……自 2001 年 9 月 11 日恐怖袭击以来，军方在国民生活中发挥了核心作用（在这一时期，一些将军获得了有如摇滚明星般的地

位和追捧），这使他们成为公众关注的焦点。"坦白地说，我们养成了一些坏习惯，"邓普西将军说，"我们要争取克服那些坏习惯。"[7]

军方有意对遴选并培养高级军事将领的方式进行更广泛的改革，新的评估制度就是此次改革的一部分。邓普西希望他的高级军官免受伴随权力而来的坏习惯影响。

他要从两个方面与造成这些坏习惯的力量作斗争。其一是聘用、提拔合适的管理者；其二是让现有管理者脚踏实地，扎根基层，好让他们重视下属，给予后者尊重。

聘用和提拔正确的人

一手主导"胡桃木椅"公司戏剧性转变（如本书第 1 章所介绍）的总裁杰伊·雷尔顿非常清楚在招聘或提拔管理者时应该寻找什么样的人：

> 首先，我要找谦虚的人。谦卑不是弱点——而是优势。我很仔细地做背景调查工作，确保候选人是真正谦逊的。他怎样提起自己的同事？他们又怎么谈起他？他是在幕后支持别人，为他们取得的成就表示祝贺，还是站在前台要求获得所有的关注？

在面试过程中，雷尔顿仔细倾听候选人怎样谈起自己的工作和其他人。"如果他们主要讨论业务和数字，还有他们已经完成的了不起的事情，他们就不再是我严肃考虑的人选。但如果他们把重点放在自己员工的贡献和成就上，我会更严肃地对待他们。我希望他们说话时多些'我们'，少些'我'。"

我们询问了西班牙企业印地纺（Inditex）首席沟通官杰西·埃切瓦里亚（Jesus Echevarria），他的公司看重经理人身上的什么特质。"首先，要谦逊，"他说，"如果一位经理希望在印地纺获得晋升，他必须谦逊地倾听并尊重他人的想法。"（事后，我们才意识到，埃切瓦里亚压根就没有提到第二个特质。）印地纺是全世界最大的服装公司，以旗下"快时尚"品牌飒拉（Zara）闻名，总部位于西班牙的科鲁纳，在70个国家拥有6 000多家门店。飒拉的商业模式建立在密切倾听顾客意见并根据所得信息迅速采取行动上。它依靠销售助理来观察热心时尚的顾客的穿着，听取他们的要求。每周两次，总部给每家门店打电话，询问员工的观察和设想。（飒拉的创意流程，我们将在第3章更全面地讨论。）埃切瓦里亚强调，在以认真倾听为基础的商业模式中，谦逊的管理者是必要条件。

印地纺创始人兼大股东阿曼西奥·奥特加（Amancio Ortega）很小就意识到谦逊对管理者的重要性。他出身贫寒，12岁时被迫辍学，在一家女装店当送货员。这家商店并不提供顾客想要的服装类型，这让他感到很烦恼。他给商店经理提了许多改进意见，但经理从来不听他的。出于无奈，年仅十几岁的奥特加创办了自己的小型服装制造公司。通过建设一家能仔细倾听顾客意见、迅速做出反应的公司，奥特加逐渐成了全世界最富有的人之一。

　　为了保持组织的谦逊文化，印地纺几乎所有的招聘都只针对初级职位，大多数经理都来自内部晋升。只有当公司内部的确找不到特定的专业技能人才，才会出现例外。此时，公司会非常谨慎地让新员工融入自身文化。

　　例如，20 世纪 90 年代末，印地纺准备进行快速的全球扩张和首次公开募股，被迫从外部聘请了一些位高权重的经理人。其中之一是新上任的人力资源总监乔瑟斯·维加·拉菲拉（Jesus Vega de la Falla）。他拥有全球顶级商学院 IESE 的 MBA 学位，在惠普和西班牙桑坦德银行（一家总部位于马德里的大型全球银行）有着丰富的管理经验。他到达印地纺的第一天，见到了公司的首席执行官，对方告诉他，他们马上要跟维加准备接替的人一起出发去长途旅行。接下来的十天，三人参观了该公司位于西班牙全国各地的数十家门店。最后，他们在马德里的一家飒拉门店停了下来。首席执行官转向维加说："这就是你要工作的地方。"

　　维加大吃一惊，说："可我以前从来没管理过零售店！"

　　"没关系，"首席执行官回答，"你要做的不是管理，是销售助理。"

　　首席执行官把维加介绍给门店经理。简短的欢迎之后，经理对维加说："现在我会向你介绍你的新上司。"新上司原来是个 20 岁的姑娘，顶着一头亮丽的染发，还是一副有大量的身体穿孔的打扮。

维加转向首席执行官问道："我要在这里工作多久？"

首席执行官耸了耸肩，说："我也不知道。"

"奥特加知道这事儿吗？"维加问。

"这就是他的主意。"

多年后，维加向我们讲述了这个故事，他说："做销售助理那段时间，是我经历过的最有效的培训体验。它让我谦逊。这也是我在飒拉生活的开始，这段经历彻底改变了我对企业经营的看法。"

虽然谦逊是创意驱动管理方式的先决条件，但还有另一些特征同样必不可少。这就包括改进导向、执行思维，以及良好的协作能力。印第安纳州热电偶制造商派洛梅森（Pyromation，该公司拥有 120 员工，如今平均每人每年执行 45 个创意）的首席执行官皮特·威尔逊（Pete Wilson）着手领导公司转型时，找来一位拥有组织行为学博士学位的顾问，帮忙让自己的高级经理实现向创意驱动型领导风格的过渡。早些时候，他的两名高级经理不喜欢公司的改变，选择离开。威尔逊聘请了一家高管猎头公司，做了一份详细的人格侧写，说明他希望什么类型的人加入自己的领导团队。人们用这份人格侧写拟定了一份详细的调查问卷，用来指导候选人的评估流程，也用在人员到岗后的培养。

创意驱动型领导者的特征，很像吉姆·柯林斯在畅销书《从优秀到卓越》（*Good to Great*）中发现的"第五级"领导者。[8] 成功带领公司走向卓越的第五级领导者，都是谦逊的人，把公司放在第一位，并下定决心改进公司。虽然柯林斯发现，这样的人在最高领导岗位上十分罕见，但"胡桃木椅"的杰伊·雷尔顿却坚称，这样的人很多，只不过要到组织层级往下三到四级的地方去找——卢桑斯的研究也预测，在企业的中低级别，会有更多关心效率而非获得晋升的管理者。

问题是，最能识别出这类领导者的一般是其下属。下属知道自己上司的真实性格，以及他们是不是真正以改进为导向，是不是对创意有所反应。这就是为什么较之光让上级进行评估的做法，360度环评流程（类似邓普西将军所发起的项目）有望对管理者做出更准确的评估。然而，尽管"360度环评"是个吸引人的概念，但也必须注意：整个流程很难正确推进，也极少完全兑现承诺。除非领导者设定了合适的条件，而且下属对整个流程的保密性极为信任，否则，他们不会诚实地给予反馈。在不可靠的流程里（尤其是，要是下属的评论会被记录下来并在组织档案中长期保留的话），让下属明言其上司的缺点是危险且愚蠢的。

改变管理心智和管理行为

当威尔夫·布莱克本（Wilf Blackburn）接任保险巨头安联（Allianz，总部位于慕尼黑）泰国分公司首席执行官一职时，这家公司采用的是高度自上而下的运营方式，而且在泰国市场上只是个二流选手。他的第一项行动就是着手建立创意系统，教育经理和员工该对自己的工作保持什么样的期待，同时开始识别并消除阻碍创意流动的障碍。

布莱克本废除了公司的着装规定，推倒了墙壁（真正的墙壁），将高围墙小隔间改为开放式办公室，以增进部门间的沟通。他把经理们调到离下属更近的地方，每个季度在公司各部门间举办创意展，还为公司所有员工设立了一年一度的盛大创意庆典和表彰活动。他还让经理们为季度创意活动选择主题，好让选出的创意帮助他们实现所在部门的目标；他还将每一位经理的创意管理绩效纳入正式的绩效考核当中。

不到三年，泰国安联（Ayudhya Allianz）就成为亚洲最具创新力的公司之一，获得了象征着美国商界最高荣誉的史蒂夫奖（Stevie Award），布莱克本本人则在国际商业奖（International Business Awards）获选亚洲（南亚次大陆、澳大利亚和新西兰）最佳高管。在全球安联系统120家"运营企业"中，泰国安联还被提名为最具创新精神的机构。布莱克本到任的第 4 年底，安联在泰国保险行业中的收入，从第 24 位上升到第 2 位，新保单承接份数（也就是增长率）位列第 1 位。

布莱克本在接管安联时，已经是一位经验丰富的变革推手了。他所采取行动的有效性，从变革理论的角度入手或许能解释得最为清晰。肯尼斯·贝尼（Kenneth Benne）和罗伯特·钦（Robert Chin）进行过一项具有里程碑意义的研究，他们考察了近百种改变人行为的方法，并将之分为三类：理性-经验（使用数据和逻辑），规范-再教育（教育人们以不同的方式看待事物）和权力-强制（强迫服从）。[9]总体来说，布莱克本的行动涵盖了所有这三类方法。他的理性-经验策略是，通过创意展向管理者展示创意的好处，并让他们参与选择创意活动的主题。他的规范-再教育策略（目的是为了让经理们改变原本的观点和思维方式）体现在他所创建的新培训项目中：拆掉了隔墙，把经理的位置安排到下属旁边，通过盛大的庆祝活动来推广创意等。当然，让经理对自己的创意管理绩效负责，则属于权力-强制的方法。

无论你选择何种策略组合来调整管理者的思维模式和行为，只要你根据贝尼和钦提出的创造变革的三重维度，使用一套协同平衡的策略，你成功的概率会高得多。在本章的其余部分，我们将从各个方面介绍一些有效的策略。

理性方法：为创意构建例证。有意在组织中创建创意系统的人最常问我们的一个问题是：怎样说服（不情不愿的）高级管理人员，让他们相信此事值得尝试？如果高级管理人员从未接触过高绩效创意系统，兴许难以想象这能为组织带来些什么帮助。故此，能发挥效果的第一步，就是让高级管理人员接触来自员工的大量好创意。

Big Y（Big Y World Class Market）是新英格兰地区最大的一家独立连锁超市，首席执行官唐纳德·达穆尔（Donald D'Amour）为自己的领导团队想出了一个非常有效的策略。在创意系统的试点阶段，他每个月都召开领导会议，会议只有一个目的：审核三家试点门店提交的所有创意，评估它们的处理情况。在为期六个月的试点中，高级领导者们观察了数百个付诸实施的创意。虽然大多数创意很小，但很明显，它们积累起来的影响很大（本书第7章列出了这些创意中的一小部分）。这个过程让领导团队相信，创意系统对实现公司目标大有帮助。它强迫他们投入到新的创意流程中，直面改变管理系统或政策，避免其干扰创意流动的现实情况。这还让他们对基层门店里发生的事情有了全新的理解。

例如，第一批创意中有一个来自熟食部的一位女员工，她着眼的问题跟顾客从排号机里拿到数字号码以等候服务有关。原来的流程是这样，她为一位顾客服务完毕，在叫到下一位顾客之前，她必须走上好几米，前往柜台尽头，按下按钮，让挂在高处的指示牌显示下一位顾客的号码。她指出，这也就是说，下一位顾客上前期间，她的第一个动作就是转过身走开，这样，顾客的服务体验一开始就是负面的。她的创意是，顺着熟食柜台放置三个按钮，这样员工就可以一边方便地按下按钮，一边为下一位顾客服务。达穆尔经常在跟全公司的董事们开会时提起这个创意，告诉他们一个非常简单的创意（而且，这个创意是直接为顾客服务的人很容易就能看出来的）怎样改善了客户服务，同时还让员工的工作变得更轻松、更高效。

达穆尔从一开始就支持创意系统，并承担起了说服领导团队其他成员的任务。尽管这很少见，但来自高层的支持，必定能让所有相关调整变得容易许多。更多时候，最初的支持者来自权力小得多的中层管理者。但他们仍然能想方设法地把大量员工创意提交给高层领导。

最近，我们看到一家大型欧洲保险公司的一名中层经理对上司使用了这一策略。该公司一直使用电子意见箱，平均每人每年提出 0.2 个想法，执行率为 8%。尽管首席执行官会尽职地参加年度颁奖宴会，说所有正确的话，但对员工创意说不上有多支持。更糟糕的是，公司领导团队至少有一半公开反对投入任何努力去激发员工创意。

很明显，公司应该抛弃这套原始的创意系统，建立新系统。经过一番劝说，首席执行官允许这位中层经理开发一套新流程并进行试点。不到两个月，6 个试点地区中有几个地方，平均每人每月执行了一个以上的创意——是从前的 750 倍以上。中层经理从中挑选了 30 个创意，把它们列在一张"创意表"上（类似表 1.1），然后去见首席执行官和首席运营官。

他向他们一一介绍这些创意，两位高级管理者逐渐兴奋起来。大部分创意都很小，但全都是显而易见的改进，并且很容易实施。总体来说，它们明显将对绩效产生重大影响。这一下，两位高管可以预见到一套全公司范围的创意系统会带来巨大的好处了。在首席执行官的要求下，接下来的几天，中层经理单独约见了领导团队的所有成员，向他们展示了创意表，并让他们看到了其中的含义。不久之后，首席执行官在公司内部的谈话中就经常支持员工创意了。

对管理者进行再教育。虽然一些领导者在接触到大量基层创意之后相信它们的价值，但光凭这种接触，不足以让人克服多年来根深蒂固的坏习惯，改变其管理风格。这时有必要进行更深层的干预，而干预的性质和力度，取决于管理者在组织层级中所处的位置，以及这个人的行为和态度到底需要多大的改变。

对于更贴近基层的基层管理人员来说，设置新的创意流程，加上一两天精心设计的培训，再加上短期指导，通常就足够了。但有时也需要更多的帮助。例如，一家英国金融服务公司在对其新创意系统进行试点检验时，发现不同试点领域的绩效差异巨大。有几位主管做得不错，可大多数都很纠结。经调查发现，导致差异的两个主要因素是：（1）主管对基层创意的态度；（2）主管的创意管理技能，尤其是在创意会议上的助推、对团队成员的指导、问题解决等方面。针对这些方面，我们为管理者设计了一套内部创意管理认证项目。要想获得认证，候选人必须参加为期两天的培训研讨班，阅读两本创意管理书籍，通过两场有关这些书籍的在线考试。创意会议最少有三场（这一流程将在第5章做介绍），必须由受过培训的创意教练监督，后者将提供结构化的反馈，"审核"每位候选人主持高效创意会的能力。只有当主管所在的团队实施了100个创意之后，方可颁发认证。

请注意这一认证项目是怎样有效解决前面识别出来的两个因素的。首先，技能缺口靠培训来解决——培训立刻安排到位，并辅以观察和指导。在线考试确保管理人员阅读书籍并理解了材料。接着，根据团队的实际绩效（也就是实施 100 个创意的要求），检验主管的创意管理技能。这个要求还有助于解决第二个问题：主管的态度。等主管所在的团队实施了 100 个创意之后，主管应该逐渐懂得了基层创意的价值，并能愉悦地与基层员工合作，养成支持并激励员工的正确习惯，并且建立起能在日常工作中有效运用创意流程的成功团队。简而言之，主管应当已成了真正的信徒。

讽刺的是，主管有效管理创意所需要的大部分技能，其实就是任何主管都应具备的技能：倾听、指导、沟通、在会议上发挥促成作用、领导改进活动。遗憾的是，在一些组织里，主管的工作是发号施令、确保人们遵守命令，如果是这样，主管无需具备上述技能就能蒙混过关。但在创意驱动型组织里，这些技能上的缺陷，很快就会突显出来，因为它将反映在团队的创意绩效上。

要改变那些顽固的高级经理和高管的想法，挑战性就大得多了，因为他们看不到基层创意的价值。他们通常都是成功人士，他们的职业生涯，正是建立在此刻对自己和组织造成妨碍的那些习惯和思维上的，最糟糕的是，他们正承受着拥有权力所带来的不利后果。因此，他们往往不太愿意接受新的领导概念，故此有必要对其进行更深层次的干预。根据我们的经验，一种较为有效的方法是，为公司的最高领导层开设导读课。[10]

几年前，一家著名的全国实验室处境艰难，甚至可能要关闭。为削减成本、提高绩效，实验室主任请我们帮忙建立一套创意系统。我们的评估识别出了一些问题，它们是导致实验室整体绩效不佳的主要因素。这些问题里有不少根源于实验室的晋升制度。几十年来，它都根据科学家的科研技能而非管理技能将其选拔、提升到管理岗位。更麻烦的是，领导团队成员对管理这一职业的评价极低，认为管理培训肤浅而愚蠢。但他们对导读课（尤其是严肃管理书籍）持开放心态，这将使他们有机会探索新思维，并讨论何种做法有助于解决实验室的一些实质性问题。

我们选择的第一本书是《从优秀到卓越》，部分原因是我们觉得领导团队的成员（全是科学家和工程师）会尊重作者吉姆·柯林斯以数据为驱动的方法，它借助这种方法探讨一家优秀组织需要哪些要素才能转变为一家卓越的组织。例如，要素之一是"直面残酷现实"的重要性。

我们向团队布置了一道作业题："这支领导团队没能面对的最残酷的事实是什么？"收到回复后我们发现，大家一致认为，实验室的招聘和晋升流程把焦点放到了错误的技能上，任何级别的人都不为自己的绩效负责。

这本书的另一主要观点是强调为组织界定一个简单而清晰的焦点，也即所谓的"刺猬"概念，然后无情地停止做任何未落入这一焦点的事情。经过大量的辩论，领导团队意识到，实验室甚至没有任何谈得上接近焦点的东西。在过去数十年里，随着各种机会的出现，它的发展变得杂乱无章，资源现在分散在了许多不相干的项目和机构上。

在六个月的时间里，领导团队总共学习了七本书。最后，团队成员的心态发生了深刻改变，变成了一支远比此前更为高效的团队。除此之外，他们彻底改革了人力资源流程，发展了"刺猬"概念，帮忙对项目做了优先排序，并建立了创意系统。

如果设计得当，应用在正确的环境中，导读课能发挥极大的效用。它们可以量身定制，针对需要实现的确切变化，在教学方法中尊重领导力的复杂性、参与者的老练度和判断力，探讨、辩论这些概念如何应用于自身组织的需求。阅读和活跃的对话还能创造出共同的认识和词汇，成为改进团队合作的先决条件。

然而，对参与者来说，导读课也并非全无风险。每一位高管的思考质量都将展现在同事和上级面前，僵化的思想和贫乏的见解很快就会暴露出来。讨论还会引出管理者们存在根本分歧的领域。为减少过度的冲突、汲取关键教训，老练的主持人必不可少。

让管理者保持与基层的联系。就算管理者相信自己的员工有优秀的创意，可以依靠员工做出良好决定，但考虑到所有与权力相关的环境都逼得管理者疏远基层，因此必须不断强化他们对员工的信念。这就是为什么创意驱动型组织的领导者会开发出一种机制，让忙碌的管理人员调动基层员工及其创意：

■ 约翰·博德曼（John Boardman），是迪拜尔（Dubal，是迪拜一家拥有 3 000 名员工的制铝企业）的首席执行官，他将该企业变成了中东最强的创意驱动型企业之一。他设计了一套奖励流程，旨在定期让管理人员接触到大量优秀的基层创意。每年，企业都会为数十个类别的创意颁发一、二、三等奖。每个部门都要在自己适用的各个类别里分别提名一个创意。博德曼方案的巧妙部分在于评审团队的组成。每一个高层管理者，包括博德曼本人，要在至少一支评审团里担任评委。为评估这些创意，评审团必须拜访每个部门，听提名创意的构思者做一场陈述，并亲眼看到这些创意的执行结果。

■ 长期以来，丰田都是一家创意驱动型组织。它的一个核心管理概念是，各级管理人员必须定期"去现场"，了解那里的情况。在日语里，现场就是真正完成工作的地方，也就是基层。丰田教导经理和员工，所有真正重要的事情，都发生在现场。

■ ThedaCare 是威斯康星州一家创意驱动型医疗保健机构，它以比行业平均水平低得多的成本取得了卓越的临床效果，获得了广泛的认可。每一位经理，甚至首席执行官，每个星期都要到现场待上几个小时，这是他"领导者标准工作"的一部分：学习问题，倾听意见，给予指导。作为一个精益领域的概念，领导者标准工作通常指的是，领导者为支持改进活动而必须要做的常规任务。

让管理人员参与到基层工作当中，其价值比光是让他们支持基层创意还大得多。它还帮助管理者在重大问题上做出更明智的决定。请看以下来自 ThedaCare 的例子。

　　ThedaCare 每周四上午会在不同的医院或诊所召开领导团队会议。每次会议结束之后，高级领导者都会到机构的另一个区域去"走现场"。有一次，在克拉克医院（ThedaCare Clark Hospital）开完会之后，首席执行官约翰·陶塞特（John Toussaint）决定去重症监护室走走。他找到一名护士，询问能否在她工作期间跟随她大约半小时。她欣然答应。

　　护士的第一站是一名车祸受害者的病房。病人仍然昏迷不醒，三名忧心忡忡的家属挤在小病房的一角，挡住了护士开展工作的路。陶塞特看着护士绕着病床转了一圈，扭转身体，笨拙地靠在架子旁调整病人的氧气，过了一会儿，又重做一次，检查呼吸管，保持患者气道畅通。控制和连接面板都不灵便地固定在墙上。在使用这些碍手碍脚的器械时，她还必须小心地绕过输液架、导管和泵。

　　陶塞特很快意识到，重症监护室的设计很不适合现代医疗护理。它们是多年前建造的，面积太小，无法使用现代技术和方法提供有效的护理。此外，由于空间限制和糟糕的布局，护士需要做一些很容易让自己受伤的动作。此外，医院没有足够的空间容纳家属和探视者，这些人对患者的精神状态和舒适度至关重要。

　　讽刺的是，那天上午的领导团队会议讨论的就是 ThedaCare 医院耗资 9 000 万美元的改造和建设项目。陶塞特正要把提案呈交给董事会批准。该项目涉及对医疗设施重新进行重大设计，以响应"合作护理"的新倡议。该项目试点表明，医疗服务质量有了显著改善，而且成本大大降低。但重症监护室因为跟合作护理模式没有直接关系，被从项目里移除了。离开重症监护室之后，陶塞特立刻打电话给 ThedaCare 的院长，问她为什么重症监护室未被列入提案。答案是预算原因——它会让预算增加 400 万美元。但经过简短讨论后，他们两人都答应在提案内新增 400 万美元建设新的重症监护室。毕竟，贷款 9 000 万美元和贷款 9 400 万美元并没有太大差别。

最后，新病房是旧病房的两倍多，并按临床流程重新做了设计，集成最新的技术，让工作人员作业时更容易、更高效。安装在天花板上的特殊抬升器减少了将患者转入转出病床时造成的伤害。安装了小柜子，以便将定期需要的用品储存在内，并由专门的辅助人员在日常查房时补充，药品可以直接送到房间使用，不用再经护士站中转。病房还安装了尺寸特宽的门，有足够的空间可供推动特种设备，这样，许多常见的检查和程序（如超声波、心电图、内窥镜）都可以直接在病房里进行了，不必再把处在危急状况下的患者运送到医院的其他区域。

新病房明显提高了工作效率，增加了患者和家人的满意度。此外，基层的医护人员也不必在容易受伤的条件下工作了。这一切都始于陶塞特每周跟随一名护士去基层。

正如高端造纸企业克莱恩（Crane & Co）的持续改进和质量总监藤村彻（Key Fujimura，音译）曾经对我们所说："如果你亲自下基层，你可以动用自己所有的五种感官来判断创意是否优秀。"

遗憾的是，许多高层管理人员主要根据财务数字做出决策。加州大学洛杉矶分校教授西奥多·波特（Theodore Porter）在 1995年出版的《对数字的信任》（*Trust in Numbers*）一书中写道：数字是一种疏远的语言。短视地关注数字，会把来自基层的丰富知识拒之门外。"这一创意能带来什么经济回报？"很多时候，这并不是最明智的问题。成本效益分析当然有用，但它只针对故事的一部分——通常，还不是最重要的那部分。

美国国家科学院的一项研究发现，尽管成本效益分析能够准确地预测简单决策的效果，但对于更复杂的决策，尤其涉及无形和不可预测因素的决策，它是项糟糕的技术。[11] 就连它的发明者，法国工程师兼经济学家让·杜普伊（Jean Dupuit），也在他 1844 年的经典论文里警告过成本效益分析的局限性。[12] 他警告说，决策者很容易把数字当成福音，不再去思考数字之外的意义。杜普伊强调，由于这些局限性，成本效益分析应该用来为决策提供信息，而不是用来直接做决策。

运用权力：对创意绩效采用问责制。如果组织希望管理者鼓励和实施大量基层创意，它必须让管理者对此事负责，就像让管理者对员工绩效的其他方面负责一样。这可以通过多种方式来实现，如轻微的社会压力，甚或将创意绩效完全整合到组织的绩效考核流程里。

保持透明是一种比较简便易行的问责形式。如果把管理者的创意绩效公之于众并与同事进行比较，让他们知道自己的上级正关注此事，他们就会开始对创意花更多的心思。几年前，在访问法航的一家分公司时，本书的作者之一注意到，在该公司大厅展示的几张图表中，有一张显示的是该分公司下辖八个单位上一季度分别实施的创意数量。数据条的高低差距很大，而每一数据条下都写着单位负责人的名字。作者问总经理这些信息会拿来怎么用。"不怎么用，"他回答，"你必须明白，人要是不对上司的想法保持高度敏感，就不可能当上高级经理。我只需要把数据发布在这儿，就意味着明年的情况将大有改观。"

保持透明也可以用来让管理者对下属负责，让他们跟进创意。我们在瑞典卡车制造商斯堪尼亚那里发现了一个很好的例子。在这家公司，来自基层的创意张贴在供经理们处理的高级别信息板块上。包括领导团队在内的所有板块都是公开的，所有人都很容易看到创意实施的进度。这种对单个创意保持透明的方法，给了管理者强大的动力去将自己接手的创意贯彻到底。员工们在看着呢！（我们将在第 5 章详细讨论斯堪尼亚系统。）

当然，仅靠透明度并不能建立完全的问责制。如需实现完全的问责，不善于从员工那里获得创意的管理者应该面对后果，而表现出色的管理者应该获得认可和奖励。

几年前，西门子威迪欧（Siemens VDO）的新任首席执行官以一种相对简单的方式，确立起有力的创意问责制。他一早就会见了创意系统经理，并告诉后者，他希望在这家全球共有 4.4 万名员工的组织中，每个人至少有 15 个创意得到实施。创意系统经理拿出

了一幅简单的原型图，显示了总计 95 个业务单位中，每一个业务
单位的创意绩效（示意图如图 2.1，只是包含的单位较少，地点也
都是虚构的）。这张图成了首席执行官在评估业务总监绩效时最喜
欢使用的工具之一。创意系统经理把它拿给我们看，并指着图表右
下角的落后群体说："首席执行官拿着这张图的时候，你可不想成
为挤在这儿的高管。"许多创意驱动型组织也采用了类似的方法。
一如我们在第 4 章中所做的解释，将创意绩效纳入组织的常规绩效
考核过程，整合到晋升、加薪和奖金的标准里，一般非常直截
了当。

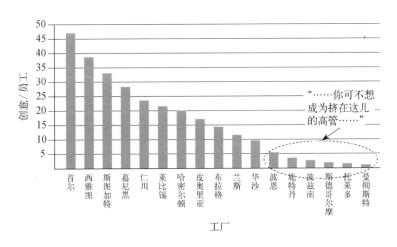

图 2.1　各单位创意绩效

我们见过的最严苛的问责方式来自 20 世纪 80 年代末的日本住
友电气（Sumitomo Electric）。当时，该公司平均每名员工能实
施 15 个创意。首席执行官的政策是，任何管理者（从主管到副总

裁）如果在所负责领域达不到每名员工平均实施 5 个创意的标准，三年内均没有资格加薪或升职。

如果没有合适的人来领导，创意驱动型组织是无法建立、无法维持的。但是，领导者自身的优秀程度，跟他们为监督组织运转而建立起来的结构和系统是挂钩的。我们接下来要讲的是，怎样修改这些结构和系统，促成组织转到创意驱动的道路上。

关键点

✓ 管理者晋升并获得权力时，一系列的情境因素会影响他们，削弱他们对下属意见的接受度。例如，研究表明：

☐ 权力简化了人的思考，削弱了他考虑不同选项的能力。

☐ 有权力的人不太会认真倾听，很难把别人本来就知道的事情纳入考量。

☐ 有权力的人在评估他人利益和立场时不够准确，对他人观点也很难秉持开放心态。

✓ 与权力负面影响的斗争，发生在两条战线：(1) 如何选择、培养和提拔管理者；(2) 让管理者关注基层发生的事情。

✓ 创意驱动型组织在招聘和提拔员工时，会寻找谦逊的管理者，并不断培养管理者的谦逊态度。

✓ 主管有效管理创意所需要的大部分技能，其实就是任何主管都应具备的技能：倾听、指导、沟通、使会议顺利进行、领导改进活动。但在创意驱动型组织里，在这些技能上存在的缺陷，很快就会变得明显起来。

✓ 创意驱动型组织会建立机制，让繁忙的管理者能够接触到基层及其创意。

✓ "这一创意能带来什么经济回报?"很多时候，这不是最明智的问题。数字固然重要，但它们只能说明事情的一部分，而且往往不是最重要的部分。成本-效益分析应该用于为决策提供信息，而不是做出决策。

✓ 创意驱动型组织确立了机制，让管理者负责鼓励和实施大量的基层创意，就像让管理者对员工绩效的其他方面负责一样。

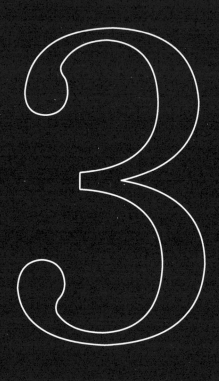

第3章 | 将组织校准成由创意驱动：
战略、结构和目标

　　几年前，我们帮一家全国连锁专卖店启动了一套创意系统。该公司一直发展迅速，在过去五年内规模翻了一倍。但首席执行官担心，它会变得官僚主义和僵化，丧失创业活力和创新能力。他认为，建立高绩效的创意系统，将是重振自己组织的好办法。

　　我们的评估证实了他的看法。组织里确实充斥着束缚人手脚的规则和政策，难以执行哪怕是最小的改进。例如，一位高级副总裁（公司最高层的八个人之一）告诉我们，他请信息技术部门为自己的电脑配备一套扬声器，好参加一场在线网络研讨会。尽管无数次提醒和电话跟进，扬声器始终没出现。原来，扬声器不属于高级副总裁的合规电脑配置。副总裁最后只好拿来了自己家里电脑的扬声器。

　　此事并非孤例。公司建立了一套控制严密的底层架构，让任何事情都难以完成，它会成为基层创意的重大阻碍。例如：

■　采购流程极其繁琐。哪怕是小规模采购，也需要一连串的签名（通常需要一位高级副总裁签名），若干价格比较，以及辅助文件。

■ 公司软件的小调整，哪怕可以明显提高生产率，也需要填写大量的表格，以证明提议调整的合理性，并跟信息技术经理开会，协商每一调整的具体细节。接着，必须通过正式的预算申请流程，才能为拟定的编程整改期获得资金。

■ 一些部门的人手配备数量，始终略低于当天销售额预计所需的工作量标准。这样做的目的是，让每一名基层员工每天每一分钟都投入到常规工作中，让生产率实现最大化。有鉴于这种做法，主管很难腾出时间让员工构思和实施创意。

■ 工作程序中最微小的变化都需要大范围的管理审核，并由总监或副总裁签字批准。

我们向首席执行官及其管理团队指出这些和其他问题时，他们的反应让我们吃了一惊。虽然他们早就意识到这种严格控制带来的问题，但并不愿意放松控制。大约八年前，公司规模还小得多的时候，它对快速发展的执着追求导致了混乱和低效。为抵消由此导致的财务损失，领导团队被迫建立起严格的自上而下的控制制度，许多管理者相信，正是这些措施挽救了公司。为了让试点系统展示出覆盖全公司的完整系统的潜力，必须跟最高管理层进行谨慎磋商，让一些最为繁琐的规则暂停使用。

试点工作在四个重点部门开展了三个月，取得了巨大成功。四个部门中有三个，平均每人每月实施两个以上的创意，而且，四个部门的绩效都有明显提高。如果首席执行官不愿意做出必要的改变，以消除妨碍创意在组织中构思和实施的障碍，他的创意系统很难大获成功。

当领导者意识到，要让组织以创意为驱动，不光是要简单地为现有的组织建立一套收集基层创意的机制，大量的额外校准同样必不可少。我们看到许多领导者在为是否继续向前推进大感纠结。这是个重大决策。基本上，他们是在判断，自己有没有勇气、精力，甚至能力来创造一家完全不同的组织，组织是否准备好了迎接这一实质性的变动。如果管理层真的想要获得基层创意，它必须将组织重做校准，以创意为动力。它必须创造一种重视基层创意的文化，建立积极支持创意产生和实施的管理体系。

图 3.1 给出了一套将校准加以概念化的框架。虽然我们在《创意即自由》中也介绍过这套框架，但这里会对它做更加详细的介绍，因为我们已经了解到，要构建创意驱动型组织，重新校准扮演着我们最初所认为的更重要的角色。组织总要面临特定的外部环境。它所遵循的战略，必须成功地从该环境中获取所需的资源。组织的结构设计应支持战略，组织遵循的政策和分配资源的方式也应如此。反过来，组织部署的系统和程序，应该跟其战略、结构、预算和政策保持一致。除此之外，奖励员工的方式、通过培训赋予员工的技能，以及监督员工的方式应与之流畅衔接。最终目标是确保整个组织的个人行为与组织战略方向保持一致。组织的文化及其领

导者所发挥的作用，是让所有这些元素保持一致。如果组织战略涉及创意驱动，那么所有这些元素也必须与创意保持一致。

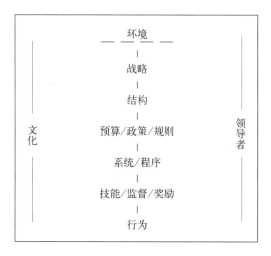

图 3.1 校准框架

创意是员工自愿提出的。如果人们觉得自己的创意不受欢迎，无法快捷地、毫不费力地付诸实施，他们随时可以把创意隐藏起来，即使他们一开始就想到了这些创意。这就是为什么创意的流动对组织上下的校准极度敏感。从概念上说，校准很简单，但在实践中，把一切弄对十分具有挑战性，做得好的企业也极少。

组织要想很好地为创意校准，许多不同的要素必须同时运转。哪怕只有一个关键要素偏离方向，也会让实施创意变得困难重重，甚至彻底妨碍它。忽视其中的几个要素会破坏整个创意系统。如果创意要被迫经历一连串失调要素的严酷考验，往往难以存活。而这样的组织太多太多。

在本章的剩余部分和第 4 章，我们将讨论如何重新校准组织，促进自下而上的创意流动。本章的重点是组织结构与目标的校准；第 4 章讨论了组织的管理系统——用于日常运营的政策、程序和实践。

战略和目标的校准

组织结构有各种各样的形式（不管是传统的职能层级结构，还是当代基于流程的结构），但它们都包含了纵向和横向元素。纵向元素将组织各层级采取的行动与最高层级目标校准，而横向元素则确保组织的不同分支妥善地协同运作。在本章中，我们讨论怎样校准这两种要素，确保基层创意聚焦于帮助组织实现战略目标，改善组织整体绩效。

纵向校准

虽然每一名管理者都知道纵向校准至关重要，但许多领导者认为，他们从上往下为组织贯彻目标的流程是很有效的，只可惜事实不然。有时，他们的目标甚至下达不到与自己紧密共事的人所在的级别。

以西班牙和葡萄牙的一家电子产品零售连锁店发生的情况为例。首席执行官在一年前启动了一项创意计划，因为觉得一番努力陷入了停滞，所以邀请我们加入。他们收到的创意肤浅而零散。一开始，我们花了几天时间研究这套创意系统，参观门店，采访员工和经理，浏览收到的创意。

事实证明，这位首席执行官的担忧是有根据的：创意面面俱到，涉及世界各地的每一个话题，很多都没什么价值。管理者和员工都对这套创意系统感到沮丧，纠结于一些十分基本的问题，比如"什么算是创意?"，或者"挪动废纸篓、重新安排门店陈列，这样的改动都算是创意吗?"。

在向公司领导团队展示研究结果时，我们解释说，系统获取创意的成绩这么差，一个主要原因是，基层员工并未有效地掌握企业目标，没有将它内化。因此，许多创意缺乏重点，也没有太大帮助。领会到这一点的重要性后，首席执行官立即转向领导团队说："我希望你们每个人都确保自己的员工有良好的衡量标准，理解我们的目标是什么。"

"你确定领导团队中的每个人都明白公司的目标是什么吗?"我们问。

"他们当然知道!"首席执行官还嘴说。

这种看法跟我们的发现不一致，于是，我们请领导团队的每一个人，包括首席执行官，在一张空白卡片上写下他（她）眼里公司的三大战略目标。

然后，我们中的一个人走出房间，整理了经理们所说的目标，创建了一幅图表，将其与首席执行官的目标进行比较。结果让人目瞪口呆。公司高层管理者们提及最多的三个目标，没有一个与首席执行官的三大目标相符！首席执行官以为自己已经向整个组织公布了自己的优先关注点，但哪怕是他的直接下属也并不清楚。

自从罗伯特·卡普兰（Robert Kaplan）和戴维·诺顿（David Norton）在 1996 年出版的《平衡计分卡》（*The Balanced Scorecard: Translating Strategy into Action*）一书中推广了关键绩效指标这一概念（将目标与具体的绩效指标联系起来）以来，许多领导者都愈发重视正式地将目标和指标向下贯彻到组织。然而，在实践中，KPI 通常用于部署战略，让管理者对绩效负责，而不是鼓励基层创意朝着特定方向推动绩效。在最高目标向下贯彻时，人们并不总会小心谨慎地把它转换成基层员工能够通过自己的创意来有目的地施加影响的指标。"将市场份额提高到 8%"或"将运营成本降低到净收入的 40%"一类的战略目标，在基层几乎毫无意义。目标和测量指标必须经过恰当的拆分，并进行清晰的阐释，好让基层员工可以用来影响自己的创意。

我们得以向这家电子零售商的首席执行官展示得到恰当转换的目标的力量，而且所用的例子来自他自己的公司。其结果是，中央仓库的经理理解了首席执行官的目标——高生产率、卓越的客户服务和高效的资金利用——并将其转换成仓库工人能够理解并影响工人创意的指标：

■　每名员工每星期的出货量（*生产率*）

■　同一天的正确发货率（*客户服务*）

■ 存货周转率（资金利用）

经理每星期发布这些指标的绩效，以此让自己团队的创意保持聚焦。此外，他指出，记分也带来了一些挑战和乐趣。

由于这些明确的目标，他的员工实施了数百个小创意，极大地提高了仓库的绩效。例如，公司发给员工们可以从仓库的任何地方跟中央计算机无线通信的手持扫描仪。使用扫描仪最初是为了简化存货进出库过程，不必再使用固定在装卸处终端的扫描仪。但员工们很快发现手持扫描仪可以编程，便想出了许多创意来提升它的功能。现在，它们可以在仓库的任何地方使用，改变系统中的库存位置，并通过扫描条形码，即时显示单个包装盒、货架，甚至整个分隔放货区的内容。员工还通过编程，让手持扫描仪能显示每笔订单的最佳拣货路线。

这些创意带来的结果是，仅仅一年时间，仓库就得以将发送的订单数量翻倍，将错误或延迟发送的订单数量减少了90%以上，将库存周转率提高了30%，同时并未新增任何员工。此外，每月盘点所需的时间也缩短了80%。

这个例子深深地打动了首席执行官，他现在明白了为什么仓库既得到大量创意，又绩效出色。他微笑着告诉我们他最近注意到的一个能说明管理层和仓库团队之间高度信任的创意。这个创意还让仓库经理有机会充分了解自己团队出众的绩效。一名员工提议在仓库里安装一台大型平板电视，调到体育频道，这样人们就可以看到自己喜欢的球队的比赛，持续关注最近足球赛事的比分。提建议的人承认，这么做想要解决的问题是：从前，每当有重要赛事举行，工人们（甚至不吸烟的工人）都会在比赛胜负攸关的重要时刻抽很长时间的烟，坐在外面收听汽车收音机的赛事播报。要不然，他们就早早下班赶回家看比赛。他认为，在中央位置安装一台大型平板电视，实际上可以节省时间，提高工作效率，因为这样员工就无须离开仓库大楼去查看比赛分数了。首席执行官开玩笑地告诉我们："对这支团队，我只希望电视屏幕足够大！"

领导者习惯于从宽泛的视角思考自己的组织目标。在把这些目标往下传达的时候，他们很容易忘记把目标转换成对实际执行者有意义的术语。而完成目标，恰恰需要这些实际执行者采取行动。举个例子，最近，美国一家重点公立大学的校长预计，由于州政府税收不足，本校预算将被大幅削减。他架设起专门的网站，向数万名教职员工和学生发出呼吁。"我们需要找到省钱的方法。请提出任何削减成本的创意。"可最终，他只收到了不到 100 个创意，只实施了其中 10 个左右。

可怜的校长毫无打赢这场战役的机会。首先，在大学里，"成本削减"历来都指裁员或取消项目。用这样的字眼发起倡议，他的教职员工绝不会参与。但要是校长能让各部门负责人，从员工能够理解也能够采取实际行动的角度下达和表述目标，他发起的活动便可能会获得截然不同的结果。以体育系为例，它的员工如何才能明智地减少开支呢？如果你问一个在健身房设备储物室工作的人怎样省钱，他或许会感觉莫名其妙，但如果问他，怎样节省能源和水，怎样节省补给品，怎样减少设备的丢失或损坏，他大概能提出许多创意来（因为洗衣服、照明控制、更衣室和淋浴房的巡逻，都是他负责）。如果校长能保证校园里的各个部门都按这种方式来转换目标，他的请求对教职员工和学生就会更有意义，他也能收到更多的省钱建议。

要将组织层面的目标，有效地转化为较低层面的目标，需要具备识别关键杠杆点的能力，以及从可操作角度框定它们的创造力。我们在瑞典通风产品制造商 Fresh AB 见到过这方面的一个令人难忘的例子。当时，Fresh AB 正需要在市场上进行重大战略转向。该公司在三个不同的市场销售产品：住宅建筑、商业建筑和消费者零售（自己动手做）。经济预测显示，新房建造将大幅下降。为弥补这一市场的预期销售下降，领导团队希望增加消费者零售市场的销售。零售渠道包括五金和家装店，特别是越来越多的"大卖场"。

Fresh 的领导团队并未简单地给销售和营销人员下达零售销售额翻倍的"延伸目标"，而是采用了另一种不同的方法。由于零售展示空间是推动零售销售的主要动力，它把自己的高层面目标转变为人人都可以为之贡献创意的目标：将零售店展示的产品数量增加一倍。如果目标仍然是销量翻倍，那么，员工很可能将它阐释为"销售和市场营销需要更加努力"。而这两个部门之外的员工，就没几个能提出什么有意义的创意了。而一旦改为展示目标，人人都能帮得上忙了。

创意源源不断地涌现：提高包装吸引力；提升展示设计；采用不同规格和配置的展示，适应更多零售商的需求；抓眼球的新产品和配色方案；以及其他各种跟展示相关的改进。这样一来，Fresh得以在新房建造下降之前，达成自己的零售扩张目标，这个成绩给人留下了深刻的印象。光靠销售和市场营销恐怕难以取得这样的成绩。

领导者在制定目标时还必须考虑一个维度：这些目标是否符合着手展开相关工作的员工的利益。如果不符合，那么，不管目标阐述得多么精彩，人们也不会提供太多创意。让我们来看看硅谷一家公司的例子。该公司隶属于一家全球大型工程企业，拥有近 100 个业务部门。在我们拜访前不久，这家硅谷公司刚赢得了整个企业内部评选的最佳创意系统奖。高级管理人员中有几人刚刚从欧洲的颁奖典礼回来，很有理由为自己的创意系统感到自豪：此前的一年，这套系统节省了数百万美元。我们回顾了这家公司在其获奖年度收到的创意，走访了那些提供了最多创意的团体和个人。有些想法很有创意，节省了数目十分可观的金钱。联想到公司最近的历史，我们对它在员工创意方面取得的成功印象尤为深刻。

在被当前的母公司以战略收购的方式买下之前，它是一家发展迅速的高科技创业公司，设计开发了一些极具创新性的高利润产品。它的首要关注点是突破性的技术和复杂的产品工程。生产成本从来都不是这家创业公司优先考虑的问题，因为它们在整体成本结构中只占相对较小的一部分。它的制造业务效率很低，新的母公司已开始系统地将生产转移到海外，并已裁减了逾 2/3 的制造员工。信息十分明确。该机构必须进一步降低生产成本，否则，最终会被裁减到只剩下研究中心。因此，管理层向员工寻求节省成本和提高生产率的创意。乍看起来，获奖系统似乎是令人瞩目的成功。然而，管理层从未意识到它所缺失的东西。

在浏览创意的过程中，我们发现了一种模式。所有这些创意都涉及节省材料、运输成本或其他无关人事支出的方法。它们无一跟提高工作效率相关。然而，生产车间里有大量显而易见的节省劳动力的改进机会。这让我们困惑不解，我们后来才意识到：公司在稳步削减生产劳动力，而节省劳动力的创意，很快会使得更多的工作岗位遭到淘汰。我们跟若干员工和基层主管进行了单独的谈话，发现他们关注的确实只是对劳动力不造成冲击的节省成本的创意。他们已经亲眼见到许多朋友失去了工作，不愿意提供任何有可能导致进一步裁员的创意了。

说到基层创意，裁员的威胁的确会创造出一种特殊的态势。如果创意有可能让自己或同事丢掉饭碗，干吗还要提出来呢？一般而言，创意驱动型的组织会尽其所能地避免裁员，很多时候，针对能改善工作绩效的创意，甚至会提供某种形式的工作保障。这些组织这么做，是因为它们深谙基层创意的重要性，不希望裁掉这些基层工作人员。这些组织有能力这么做，是因为跟传统运营的同类组织相比，它们能把创意放到更合适的位置上，更有效地应对市场危机或衰退，整体而言，它们更灵活，绩效水平也更高。

横向校准

美国东海岸的一家小型专业保险公司启动了一套创意系统，早期有一条创意来自一位客户服务代表，她对公司的客户管理软件提出了改进建议。每一次她结束跟一位客户的谈话时，必须要退出应用程序再重新启动，才能访问下一位客户的数据。为什么软件不能不退出就切换客户呢？同事们讨论这个创意的时候，一致同意应迅速加以实施。他们估计，这个问题每天要浪费每名客户代表 7 分钟，他们总共有 30 名客户代表，总计 3.5 小时，几乎等于一个人一半的工时了。此外，服务延迟会惹恼被迫等待提取信息的客户。但当这个创意到达信息技术部门时，由于这需要程序员花 3 到 4 个小时的时间来实施，信息技术部门拒绝了它。这是个横向失调的典型例子。

信息技术部门负责三项任务：运行咨询服务，维护当前系统，以及开发大型战略软件项目。实施基层创意不在其职责范围之内。此外，它承受着降低成本的压力，而实施前述创意的时间，占用了它的预算。

信息技术部的经理按照分配给他的目标，理性地采取了行动。然而，从整个公司的角度来看，不实施这个创意太过愚蠢。这需要信息技术部一次性地拿出三四个小时来，但与它为客户服务部门所带来的改进（每天节省三四个小时）相比，这小小的牺牲不值一提。

横向目标失调是极为普遍的现象。在设定目标时，许多领导者关注的是向下推行自己的目标，很少思考这些目标是否会在较低的层级上造成冲突。一旦出现横向失调的症状，人们往往把它归咎于其他原因，如管理者之间的个性冲突、领地观念、过度的个人野心，或者人类的一些其他缺点。因此，这是个难以诊断出来的问题。

横向失调通常根源于组织搭建结构的方式。最流行的做法是按职能配置，即营销、会计、运营等等。每一项职能，依次分解为越来越细的任务，下达部门或团队层面。但组织的流程是超越这些细分任务的，许多改进组织流程的创意，会产生跨部门的影响。除非谨慎留心部门层面的目标设计，否则，许多部门会为了实现最容易达到的目标，牺牲其他部门或整个流程的利益。

横向失调的代价同样很大。请看下面的例子：同一个创意，在一家横向失调的组织尝试了几年都以失败告终，但换到一家创意驱动型组织，就迅速成功地获得实施。这个例子为量化横向失调的部分代价提供了一个难得的机会。

几年前，一家全球航空航天公司购买了一套大型自动存储和检索系统，用于备件库存。这套价值 250 万美元的系统包含了计算机控制的机器人技术，可以存储和提取 5 400 多个箱子中的数万种零件。可等系统安装好并准备编程的时候，问题来了。信息技术部门和库存部门围绕谁负责编程而大打出手，系统成了地盘争夺战的目标。操作它的基层工人被夹在中间，只能在线圈笔记本上手动记录大型存储系统里零部件的进出。这册笔记本曾经失窃过，为了还原其内容，六名员工花费了大约两个星期的时间，费力地将 5 400 个箱子逐一打开，记录箱子里装了些什么。此外，手动记录系统中加载、提取零部件的过程，会导致人为失误。有时候，人们需要用到一个零部件，它却不在所记录的位置，换言之，它遗失在了系统中的某个地方。每当发生这种情况，操作员就只能一个一个地翻检箱子，直到找出丢失的零部件。最终，这套系统的问题，导致该航空航天公司彻底放弃了它，并放到互联网上拍卖。

什么人最终买下了这套系统，又是怎么买下来的，很值得一提。"尖峰特遣队"（Task Force Tips）是一家中型消防设备制造商，总部位于美国印第安纳州。2009 年，这家不断发展的公司搬到了一座更大的工厂。该公司原本计划在三个月的时间内，一边完全保持生产，一边逐步转移到新工厂。预定搬动的最后一个项目是旧的自动存储和检索系统。移动这套设备很费时间——它很重；有四个同样大的装卸处，高 5 米、宽 1 米、长 12 米；里面共有 500 个存储货箱和机器人起重设备。在存储系统完整转移之前，"尖峰特遣队"公司打算购买些简易货架，在新位置临时存放零部件，接着人工处理库存。

一位工程师负责去寻找一家能够制造这种临时货架的公司，但其造价之高，把他吓了一跳。可他很快想到了主意。他想，兴许公司可以另外买一套（更大的）自动存储和检索系统，而且花费不超过临时货架的成本。这么做的话，搬运会变得更简单，也有助于解决公司日益增长的存储需求。目前的存储系统已经快接近最大容量了，而且也用了很久，快坚持不住了。这个想法很快提交给了首席执行官斯图尔特·麦克米伦（Stewart McMillan），麦克米伦告诉工程师，被雷劈中的概率，恐怕也比用划算的价格找到这样一套系统要大，但这位工程师坚持再看看。

这位工程师在互联网上搜索，发现了前述航空航天公司的存储系统正在出售，并注意到它将在几天内被放到互联网上拍卖。它非常适合"尖峰特遣队"的需要。它几乎全新，存储容量是公司旧系统的两倍。麦克米伦得知此事后，邀请这位工程师和其他一些人到自己家参加"围观投标聚会"。这群人一早就决定提交 1 000 美元的最低出价，他们满心以为，很快会有人出价。但再也没人投标了。还剩下几分钟的时候，这群人仍以为会有许多竞标者在最后关头冒出来。出乎他们的意外，到了结束时间，仍然无人投标，而且，他们也收到了通知中标的电子邮件。尽管系统本身几乎不要钱，但它必须先分拆，用 27 辆卡车装载，横跨半个美国，接着重新组装。最后，"尖峰特遣队"公司只花了 60 万美元就安装好系统并运行起来。

想一想，这个故事说明了什么？航空航天公司的信息技术和库存控制部门之间的失调，让 350 万美元的投资（250 万美元的设备费，100 万美元的安装费）泡了汤。而最大的损失还来自所有浪费在手工操作、寻找丢失零部件上的劳动，外加内斗，还有库存控制糟糕给整家公司带来的低效率。对我们来说，看到一家横向失调的航空航天公司被一家更灵活的创意驱动型组织所利用，是一件很有趣的事情。基本上可以这么说，"尖峰特遣队"得以用不到前者 1/5 的价格购买并安装了一套没怎么使用过的自动化仓储系统！

航空航天公司尽管资源充足，却无法让库存系统正常运转起来，这乍看上去似乎是信息技术部门和库存控制部门之间政治斗争所导致的结果。如前所述，虽然我们没有机会直接调查这家公司跨部门内斗的根本原因，但要是部门或经理不能很好地协同工作，这种行为往往根植于某种形式的横向失调，比如目标或绩效指标有冲突，预算规则僵化，奖金或晋升系统有失考量。

为了让人们负责任或为了激励和奖励他们而采取的看似合乎逻辑的方法，往往会造成甚或严重加剧横向失调。以绩效工资为例。虽然从个人层面上看，它不失明智，但在组织层面上却常常产生强烈的不利效果，使得人们不愿意协同工作。美国一家大型零售连锁商建立了一套奖金制度，它唯一的作用就是：如果一家门店出现了一个好创意，几乎绝不会分享给其他门店。该连锁商是按区域组织的，门店经理的奖金由自己的门店在区域内的绩效排名决定。排名最高的经理拿到最高的奖金，排名第二的经理拿到第二多的奖金，以此类推。一位门店经理告诉我们，如果他跟另一位门店经理分享一个有利可图的创意，实际上等于是在裁减自己的奖金。竞争性奖金系统，使得门店之间本应发生的重要分享与合作完全终止了。

建立横向联动

组织中的大多数工作都需要不同部门或单位之间进行某种形式

的互动。而除了规模最小最简单的组织之外，所有的组织都很复杂，因此，设定单独的单位目标，又希望它能自然而然地保证所有人都为了共同的利益而一起努力，从根本上就是做不到的。这就需要某种形式的联动机制，把不同单位的利益和行动拧结在一起。本节将讨论其中的一些机制。

重新布置实体工作空间，是一种高度视觉化/空间化的方法。通常，只需消除物理障碍，将必须一同工作的部门集中到一起，就能极大地提高合作和人际互动的程度与质量，增加信任和理解，有助于共同解决问题和共同提出创意。它还常常具有相当大的象征性"冲击"效应。想一想本书第 2 章中介绍过的泰国安联保险公司转型专家威尔夫·布莱克本。我们见到他的时候，他已经在安联内部建立起了"拆墙"的名声，只要他负责一个单位，他就会这么做，一如他此前在泰国安联的举动。他就任安联（中国）首席执行官五个月之后，我们到上海去拜访了他。布莱克本接手的时候，他承受着来自总部的压力，要他削减成本，提高盈利能力，而且还要迅速达到目标。但恰恰相反，布莱克本并没有直接寻找可以立刻削减的东西，而是投入了可观的资金打破壁垒，让组织建立起灵活性和创新性。对他来说，这是他改造公司的主要杠杆支撑点之一。

他最初的行动之一，就是拆掉自己办公室的墙壁，换上从地板延伸到天花板的落地玻璃。他当然希望拥有一间私人办公室，但与此同时，他也在向组织发出信息：我们的工作方式将是透明而协作的。几个星期后，建筑工人拆除了各部门之间的实体墙，并把办公桌的高隔断换成了齐腰高的隔断。这就腾出了足够的新空间，让布莱克本把两栋办公楼合并到一栋，不光节省了资金，还进一步整合了劳动力。布莱克本告诉我们，他的目标是创造出一栋开放式布局的总部大楼，鼓励人们一起交流和工作，进而创建一家更灵活的创意驱动型公司。

让人们始终从整体的角度思考，还有一个策略是为整个组织建立统一的远大愿景：用吉姆·柯林斯和杰里·波拉斯（Jerry Porras）在 1994 年出版的经典作品《基业长青》（*Built to Last: Successful Habits of Visionary Companies*）里的话来说，就是一个"大无畏的目标"。斯巴鲁印第安纳汽车公司（Subaru Indiana Automotive）对零垃圾填埋的追求，就是此类目标的很好例子。这个目标让人人都感到兴奋，人人都可以用自己的创意和行动来为实现它做出贡献。通过这种"大无畏的目标"建立的横向校准非常关键，因为几乎每一个环保创意，都需要跨部门协作。例如，有许多简单的创意都是关于把包装材料返还给不同的供应商以便再次使用。需要哪些人参与进来呢？这些创意来自拆开零件包装的工人，但是它也需要工程部门证明材料可以重复使用，需要采购部门与供应商磋商，需要供应商改变流程回收、重复使用这些材料。此外还有成本和价格方面的影响。运输和物流必须在处理、包装、将材料运回供应商等环节参与，会计必须应对预算和控制上的后果。除非所有人都认同环保愿景，否则，这些创意的推进很快就会陷入停滞。

多年来，针对怎样让人们跳出自己有限的业务范围进行思考，管理学家进行了大量探索。以 20 世纪 80 年代质量专家约瑟夫·朱兰（Joseph Juran）推广的"内部客户"概念为例，它主张，在更大的流程中的每一个人（或团队）应识别出自己的内部客户（也就是流程中位于直接下游、接收其输出的人），聚焦于用什么样的方法能最好地满足其需求。如果每一方都能满足其内部客户，那么，在供应链末端所交付的产品质量，应该也能满足"外部客户"。内部客户这一概念，让员工意识到更大范围流程的存在，它也便于采用，无须对组织或其结构做更多额外的调整。它的缺点是，只能把单位跟其直接相邻的单位联系起来。

如果设计得当，绩效奖金也可以把员工跟流程中的其他人直接联系起来。纽柯钢铁（Nucor Steel）使用一种周奖金制度，以前一周的产出为根据，让所有人关注整个钢厂的产出。工人的奖金可以是其周薪的两倍甚至两倍以上，而且并不以个人甚至团队绩效为基础，而是以整个流程（所有部门所有班次加起来的工作）的产出为基础。这样，员工不光会因为自己的绩效高而获得奖励，也会因为自己的工作对其他部门以及整个工厂的绩效提供了帮助而获得奖励。

到目前为止，我们讨论的方法都是想要创造出一种共同的目的，让人们从自己的创意对整个流程有多大的影响这一角度来思考。但所有这些方法，都比不上全面横向结构（也就是直接把所有相互关联的操作整合成单一流程）带来的优势。

亨利·福特，就是流程思维的一位早期拥护者。福特打破了他那个时代的科学管理传统（也即专注于个别业务的最大生产率，并通过使用计件率来提升生产率），优化了整个流程，以实现连续的生产流。半个世纪后，丰田将流程思维提升到了新的层面。除此之外，它还引入了价值流映射（value-stream mapping）的概念，这种工具可以让员工用图形化的方式说明整个供应链的结构和绩效。有了它，人们很容易看出改进工作应该集中在什么地方，这样才能优化整个流程。

我们经常会想起丰田生产系统开发人员新乡重夫（Shigeo Shingo）1989 年的一段评价。他告诉我们，他觉得世界各地的大多数管理人员都忽视了流程有别于个别业务的重要性，而缺乏这一认识，是拉低生产率的最大因素之一。从那时起到现在，情况有了很大的变化。今天，虽然有越来越多的管理人员意识到了流程的重要性，并开始运用许多关注整体流程的改进技术，但由于组织结构基本上是围绕单个业务而非流程整体所设计的，他们只能与之苦苦战斗。

根据创意搭建组织的结构

上面，我们讨论的是怎样克服采用传统结构的组织中的纵向和横向失调。如果专门以获取并快速实施大量创意为目的来展开组织设计，此类问题一开始就可以避免。上一章里介绍的"快时尚"零售商飒拉就是一个很好的例子。在时尚行业，设计并交付新服装，通常需要一年或更长时间。在飒拉，只需不到 15 天就可以设计出一款新服装，并将成品送到全球数千家门店。公司的每个方面都致力于提高速度，尤其是获取信息与创意并迅速实施方面的速度。

飒拉并未采用传统的部门结构，即根据人们的专长将他们分组完成指定任务，而是围绕三人团队来组织开发流程：一名设计师，负责实际的设计工作；一名商务专员，协调材料和生产任务；一名全国经理，负责协调特定国家的零售业务。这些团队负责开发新服装，监督从概念到设计、打样、制造和交付的整个环节。该公司的设计楼有一座飞机库大小，全开放布局，没有隔墙。楼层的一端有按团队布置的办公桌，旁边摆着设计师的 CAD 系统。创始人阿曼西奥·奥特加的办公桌也在这里。

飒拉商业模式的另一个重要组成部分是按三到四周的需求量小批量生产。这意味着单独的设计决策不会带来太大的风险，故此在团队层面就可以做。团队成员之间分享服装或配饰的新设计理念，之后团队迅速做出决定——一般只需要几个小时。团队成员年轻得吓人——大多二十来岁，或是三十冒头。这也就是说，做出设计决策的人，与飒拉典型顾客的人口特征相符。由此带来了更成功的设计选择，降低了风险。

让我们比较一下典型时装公司的流程：由建立起个人品牌的资深设计师完成设计。最终的设计和采购决策，包括整个季度的订单，由高级副总裁做出。之后，衣物由远在地球另一端的制造商大批量生产。不足为奇，设计到销售的典型周期是一年，甚至更长。虽说飒拉的新设计理念来源很广，包括米兰、巴黎和纽约的时尚 T

台，但大多数来自其基层零售员工。每位全国经理每星期至少跟自己的门店经理进行两次谈话。谈话的主要话题是，零售人员观察到哪些产品卖得好，打扮时尚的顾客怎么穿，顾客要求的哪些东西门店里尚未贩卖。例如，要是北欧门店的员工报告说，打扮更时尚的顾客开始穿高靴子，这个信息会迅速传达到西班牙的设计团队。高靴子和与之搭配的服装会立刻推出，并加入飒拉的产品线。

一旦某一团队完成了一项设计，团队的 CAD 系统就把它发送到设计楼层对面的原型打样设计区域。几个小时之后，不同尺寸的人体模型就穿起了样品。各团队围着模型开会，讨论所有需要修改或要进行最后润色的创意，并在最终版本发送给制造部门之前做出决定。虽然大多数时尚公司都从越南、孟加拉或斯里兰卡等劳动成本低的国家的供应商处采购制成品（飒拉的一些主要服装产品也是这么做的），但为了更快更灵活，公司把所有区域性快时尚产品都外包到西班牙北部。成衣用卡车运送到欧洲的门店，或空运到世界其他地方的门店。

飒拉的竞争优势在于能够以合理的价格为顾客提供最新的时尚服装。为此，它必须能够从客户和员工那里吸收大量创意，并迅速付诸行动。我们在第 2 章中提到过，奥特加是在老板不愿意倾听自己的意见而倍感沮丧的情况下愤而创业的。飒拉的一切都针对创意而设计：设计团队的构成和公司赋予它们的自主权，与门店的沟通规定，从设计到打样设备的空间布局，以及本地化生产的决策。

最后一点非常重要。另一家跟我们合作过的时尚公司的经理们告诉我们，他们有一个最大的问题，那就是给他们供应产品的外国工厂只有一个人会说英语。沟通困难，特别容易出错，每一天都会出现耗费时间的高成本失误。相比之下，飒拉的供应商离得很近（大多数就在同一个社区里），沟通清晰而简单。因为无需翻译，整个过程里没有丢失任何东西。

结构和目标一致是重新校准的战略方面。在下一章中，我们将转向运营方面——如何使组织的管理系统对准基层创意。

关键点

✓ 以创意为驱动不仅仅是把创意流程叠加在现有组织上。整个组织必须进行校准，支持创意的开发和实施。

✓ 在大多数组织中，创意要被迫承受一连串失调元素的炮轰，很难生存。虽然校准在概念上很简单，但在实践中，正确校准极具挑战性，只有很少的组织能够妥善地完成。

✓ 许多领导者误以为组织中贯彻目标的正式流程比实际上要有效。在向下传达目标时，重要的是根据对基层员工有意义且可执行的方式来框定它们。

✓ 横向目标失调非常普遍，代价也极高。在设定目标时，大多数领导者关注的是推进目标，却很少想过这些目标在较低的组织层级上会产生什么样的冲突。

✓ 组织中的大多数工作需要不同部门或单位之间进行某种形式的互动。创意驱动型组织会创造能将不同单位的利益和行动一同挂钩的机制。

✓ 尽管许多管理者意识到了有必要采用以流程为中心的方法，但他们仍然在跟基本上围绕单项业务（而非整个流程）设计的组织结构苦苦斗争。如果专门以获取并快速实施大量创意为目的来展开组织设计，此类问题一开始就可以避免。

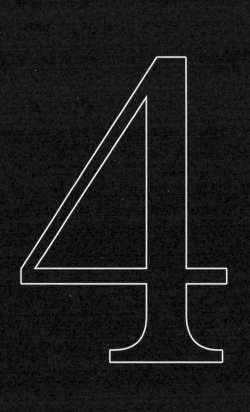

第 4 章 | 将组织校准成由创意驱动：管理系统

　　一家组织的管理系统包括用于管理其运作方式的所有流程和程序，从预算编制流程，到怎样奖励员工，到生产产品和提供服务的程序。通常，管理系统会随着时间的推移而逐渐发展，以回应协调和控制不断变化的需求，但人们很少考虑它们对创意流动的影响。故此，大多数组织的管理系统跟自下而上的创意是严重失调的。

　　上一章中讨论的目标失调，有许多方面只需要一个计划周期就可得到纠正，但修复本章所讨论的要素，则需要更多持续的努力。管理系统通常由许多相互作用的活动部件构成。由此产生的复杂性，使得人们不可能完全解决所有失调的地方，与此同时，新的失调还在不停产生。哪怕是最优秀的创意驱动型组织——保持了多年的持续警惕并付出了不懈努力，仍然会发现细微的失调。

　　本章中，我们将继续顺着图 3.1 中给出的校准框架，讨论如何根据创意，重新校准图中管理系统的每一要素。

创意流程的预算和资源分配

我们曾受邀帮助一家备受尊敬的华尔街金融服务公司，增强它下辖某一部门的创新能力。它的产品和服务逐渐老化，一度巨大的利润遭到侵蚀，领导者担心该部门缺乏新产品。它已经十多年没推出过一项新产品或服务了。我们在采访管理者和员工时发现了一个清晰的模式。为了实现短期利润最大化，管理层让员工超负荷工作。没有人有空着手尝试新鲜的事情。我们向领导团队指出，公司过分强调开发现有产品和服务，是在削弱员工开发新产品和新服务的能力，而这些产品和服务可以提高利润率、增加公司未来利润，高管们各说各话，乱作一团。领导团队对现行做法的后果进行了相当多的辩论，认为利润率仍然还不错，公司将继续专注于利用现有产品，而不是让旗下熟练的金融专业人士将宝贵的时间投入在探索未来不够确定的新产品上。考虑到高级经理的绩效评估和奖金都以当前利润为基础，这样的决定并不令人感到意外。

创意是对未来的投资。跟任何投资一样，它需要预先投入资源。令人惊讶的是，大量领导者都因为过于关注当前的利润而牺牲了组织的未来，未能将资源分配给员工，开发并实施新的创意。

本节中，我们要讨论自下而上的创意最常见的三种资源需求：时间、资金，以及后勤支持部门的协助。

时间资源的分配

人们需要时间来构思和实施创意。然而，为基层员工找到此类时间可能十分棘手，尤其是在最开始的时候。管理者经常问，基层员工应该花多少时间在创意上。

我们通常建议，每个人每星期至少能拿出一个半小时，其中半小时用于创意讨论会，另一个小时用于构思或实施创意（我们将在下一章对创意流程机制做更多的介绍）。如果分配的时间不足，就很难取得令人满意的进展。创意驱动型组织通常为创意分配 4% 到 7% 的基层员工工时。罗马尼亚软件公司 Softwin（他们旗下最著名的产品是反病毒程序 BitDefender）在基层时间投入上做了最积极的承诺。公司希望每个人把 25% 的工作时间用于个人创意。

经理和主管第一次意识到手下员工需要把多少时间用于创意的时候，通常会担心时间从何而来。在这方面，一种特别有用的手法是，首先要求员工聚焦于节省时间的创意，或是为那些被认为没有附加价值、团队可以放弃的任务提供创意。就我们所见，几乎每一次，只要组织采用了这一手法，由此而来的创意都迅速释放出了远超着手创意工作所需的更多的时间。几年前，在一家大型零售连锁店的呼叫中心，就出现过这种现象的一个典型例子。到创意系统投入试点第二个星期结束的时候，员工们的创意，已经一劳永逸地为每名员工腾出了相当于每星期两小时的时间。俗话说得好："永远别因为太忙，忘记了想办法别那么忙。"

在大多数情况下，这些早期节省时间的创意，配合经理在日程安排上的自由裁量权，就足以带来所需的时间了。然而，有时候，管理系统里的某个元素会妨碍此类举动，这就需要更高级别的管理者参与解决问题。

几年前，一家《财富》500 强公司的医疗产品部门请我们帮忙改进其创意系统。在跟基层员工交谈的过程中，我们很快就发现了系统绩效不佳的主要原因。该部门的成本分配系统要求，每名基层员工的每一分钟时间都必须用于生产特定产品。投入在改进上的时间没有工作准则，人们就不可能把工作时间用到创意上。要想开展创意工作，员工必须占用自己的时间。如果这家公司想要提高自己创意系统的绩效，就必须改变它对基层员工计算工时的方式。

确保员工有时间去从事创意，方法之一是直接将这段时间整合到工作日程当中。例如，在瑞典卡车制造商斯堪尼亚位于斯德哥尔摩郊外的主机厂，装配线每星期会停工 26 分钟，以便各方面召开创意会。此外，每支团队（通常是 9 到 14 人）会故意多安排两个人，一部分原因也是为了让团队成员有足够的时间来实施改进创意。这种资源的投入，是该公司能够每年例行让整体生产率提高 12% 到 15% 的主要原因。

针对创意校准资金分配

哪怕是很小的创意，通常也需要一些钱和物资来实施。这里的关键问题是：员工能够轻易获得需要的资源来构思和实施自己的创意吗？大多数组织从未真正应对过大量的基层创意，所以，它们无法以一种精简的方式来提供这些资源。一些组织极为严格地控制资源，基层员工根本没可能获得所需的东西。

在一家全国性零售商的特殊订单部门，我们碰到了一个此类严格控制的辛酸案例。该部门的一名员工有大量的工作内容涉及装订。她经常需要用订书机穿透纸板，好把文件和样品订到一起。订书机经常会出错，她只能取出扭曲的订书钉，从头开始。如果碰上哪天这类事情很多，她回家时双手会又酸又胀。她的解决办法是：买一台电动订书机。她的团队和主管都认为这是个好主意。但她向供应部提交申请时，对方却告诉她，按她的岗位分类，是没有资格使用电动订书机的。她不为所动，当天晚上，就在回家的路上顺道去了当地的沃尔玛超市，自己掏钱买了电动订书机，第二天把它带到了公司。新的订书机极大地提高了她的工作效率，也意味着她再也不必双手酸痛地下班。一切都很顺利，直到她用完了订书钉，想再要一些。她得到的回答是，因为她没有资格使用电动订书机，所以她也没有资格领取订书钉。

这种束手束脚又琐碎的采购政策，让员工很难实施创意。哪怕严格来说公司方面允许特定的采购，有时候，采购流程中的制衡也会让员工经受官僚主义的折磨，倍感沮丧。我们在新英格兰地区一家中型特种设备制造商试点创意系统时，就碰到过这样的情况。第一批创意里有一个来自一名机器操作员，他想消除一个每天都要耗费自己 15 分钟的恼人问题。每次轮班结束时，他都要关掉机器，检查液位和设置。因为他需要光源才能看到机器里面，他必须到工具室去取检修灯，回到工作区，把灯插进去，把电线接到自己的机器上，开机，检查液体位置，完成所需的调整。接着，他把机器重新关掉，拔掉灯的插头，缠好电线，把它拿回工具室放好。他的创意是：花上 10 美元买一支背面带磁性的手电筒，贴在机器里。接着，只需要 1 分钟，他就能完成检查了。团队和主管都很喜欢这个想法，并予以批准。可两个月后，我们检查未实施的创意的状况时，发现机器操作员仍未拿到手电筒。他的要求还卡在采购流程里。

缓慢的采购流程既妨碍了创意，也让公司无法节约可观的成本。在本例中，假设机器和操作员的成本加起来是每小时 100 美元。10 美元的手电筒让公司每天可以节省 15 分钟，也就是每天节省 25 美元，只要使用一次就能收回成本了！相反，它拖延了 500 多个工作日才到货，让公司继续破费了 1 250 美元（50 天 × 25 美元）。很明显，这家公司的采购流程跟创意失调得厉害。

这一类的问题，以及随之而来的挫败感，依靠适度的预算和针对小型基层创意的精简采购流程，很容易就可以解决。一些组织给每个团队及其领导分配一笔月度创意预算（比如 100 美元或 500 美元），并允许他们用公司信用卡或从特定供应商那里直接购买。还有一些公司允许团队或部门在每个创意上使用精简采购流程，用掉小额度的费用（比如最多 100 美元）。尽管一些经理起初对给予基层团队和主管此类支出权限感到紧张，但根据我们的经验，基层团队和部门通常会很感谢对自己的信任，对资金非常谨慎，而且，他们采购的回报期大多非常短。此外，中高层管理人员可以（也应该）每月检查每个团队的采购记录。这样的运作方式，比针对每个小请求都单独给予许可要容易得多，也快得多。

针对创意校准后勤支持部门

前文提到的新英格兰的专业制造商在进行试点之前，首席执行官没有理会维修经理的担忧。他告诉经理，在为期三个月的试点期间，后者必须把帮助试点区域的工人实施其创意作为首要任务。这次试点非常成功，到结束的时候，首席执行官对经理们进行了民意调查，看看有多少人支持在全公司范围内推出创意系统。所有人都很乐意，除了维修经理。

"我真的做不到，"他说，"光是试点过程就差点要了我们的命。我们被迫推迟了许多其他维护工作，才能跟进所有的创意。"

许多创意需要后勤支持部门的帮助，如信息技术、维修、工程或采购。但这些部门通常没有专门的资源、人员去支持基层创意，也并未安排这方面的任务。除了"正常"工作之外，如果后勤支持部门突然需要帮忙执行大量基层创意，他们很快就会被拖垮，就跟前文提到的维修经理一样。

创意驱动型组织的领导者要确保后勤支持部门在任务安排和人手上都做好准备，快速响应基层创意。例如，安联（中国）的新任首席信息官向首席执行官威尔夫·布莱克本请求再增聘一名 IT 技术员，布莱克本回答说："只要你需要，聘用多少人都行。但我绝不希望听到因为 IT 拖了后腿，创意未能得到实施。"在第 1 章提到的巴西莱塔公司，它旗下的四家制造中心都有专门的团队帮忙实施创意。每个团队由五到六人组成，包括工程师、机械师、电工和设备员。（我们将在下一章对巴西莱塔公司做更详细的介绍。）

针对基层创意调整后勤支持部门，有可能极具挑战性。在创意系统启动之前，我们永远都无法确切地知道它到底需要从哪一个支持部门中获得多少帮助。可以理解，经理们不愿还没尝试过创意带来的体验就承诺投入额外资源。这就是几乎每一套高绩效创意系统在建立的时候，都曾在这个或那个领域缺乏支持资源的原因。为避免创意活动陷入停滞，管理者必须做好准备，在压力出现时迅速做出反应。在新的支持资源需求水平变得清晰起来之前，管理者可以临时增加或重新分配资源，将更多的后勤支援任务外包出去，按配额提供支持资源，或对每个团队调用特定支持部门资源的创意数量加以限制。

在启动创意系统之前，巴西莱塔的首席执行官并没有坐下来计算自己的公司还需要 18 名后勤支持人员。热电偶制造商派洛梅森的皮特·威尔逊也没有找顾问来判断自己的维修部门需要新增多少人手，才能为团队提供实施创意所必需的支持。这两个人完全是随着形势的发展，张弛有度地把资源重新分配到了需要的地方。

校准政策和规则

"policy"（政策）一词来源于 16 世纪的法语单词 "police"（警察）。在组织环境中，政策是用于指示、限制和控制他人决定和行动的指导原则或规则。良好的政策可以简化流程，节省时间，确保公平对待员工，防止欺诈和道德问题发生，确保高水平的客户服务，保证把钱花到点子上。

但大多数组织都有些糟糕的政策。这些政策造成了不必要的官僚主义，提高了执行任务的成本，惹恼了客户和员工，而且常常妨碍进度。它们也会直接或间接地阻碍创意的流动。针对创意重新校准组织，有大量工作都涉及根除、修改或消除这些妨碍创意的政策。与管理系统中的每个要素一样，让组织的政策与创意保持一致需要持续的努力，因为现有的政策一直在改变，新的政策也随时在推出。

哪怕仅仅一项糟糕的政策，也会让一个其他方面本来很好的创意活动失效。几年前，美国东北部一家中型公用事业公司的新任首席执行官承受着董事会要求削减成本的巨大压力。到任最初的几个星期，他参观了公司的基层运营。在这个过程中，他惊讶地发现基层员工提出了大量优秀创意。毫无意外，他就任之初采取的举措之一，就是建立一套创意系统来系统性地收集这些创意。他的系统基本上是合理的，但他犯了一个致命的错误：因为迫切地想要快速见到结果，他制定了一项政策，确保创意带来的预估节约成本能立即反映在公司的盈亏结算线上。他吩咐，一旦执行了一个创意，就从相关中层管理人员的预算中去掉预计节省下来的成本。

这项政策摧毁了整个创意活动。中层管理人员私下告诉我们，由于建议系统办公室总是倾向于乐观地预估所节约的成本（说到底，办公室的绩效是根据创意系统的节约情况来评估的），故此，对中层管理人员本身来说，实施创意很危险。控制人员会立即从他们的预算中扣掉比创意实际节省的更多的钱。因此，中层管理者保护自己预算的唯一办法就是，哪怕创意获得批准，自己也不采取实施的行动。等到我们在这家公司做调研的时候，未能实施的创意已经积压了 18 个月，预计能让公司每年少节约 200 万美元。更重要的是，员工们看到自己的创意没有被使用，新的创意就会越来越少。

大多数政策都会产生意想不到的后果，这些后果有不少是当初制定政策的人完全预料不到的。据我们所知，这家公用事业公司的首席执行官从未意识到他的政策对他自己的目标起到了怎样的破坏作用，以及他的中层管理人员又怎样"发挥创造力"，使用拖延大法来对待创意，而不是想着怎样更快地实施创意。

在许多情况下，可以用非正式的方法，甚至可以借助创意系统来对付糟糕的政策。但在复杂的环境中，或许还需要一套单独的系统来彻底检查当初订立政策的原因，判断政策变动将带来的所有牵连。这类系统有一个很好的例子，这是一家美国大型银行制定的"消灭愚蠢规则"项目。它的目的是为银行基层员工赋权，让他们站在自己的角度指出有哪些政策和规定对客户服务造成了不必要的反作用。

"消灭愚蠢规则"是个令人难忘的名字，也是一种聪明的方法，承认管理者偶尔会制定愚蠢政策，同时希望员工把它们指出来。该项目的负责人说，银行需要知道，一项旨在解决问题的政策是否在无意中又造成了其他问题。在我们介绍"消灭愚蠢规则"流程和从中学到的教训之前，让我们先看一看它成功消灭了哪些政策。

■　如果企业客户需要存入大量货币，银行会收取少量手续费。但一名员工指出，如果不是客户的交易方想把大量硬币兑换成钞票，银行并不收取这笔费用。换句话说，如果你希望银行帮你数硬币，你最好是不做它的客户。原来，当初制定这项政策的原因是，银行的计算机系统没有设定程序，向不是客户的交易方收取费用。权衡了清点硬币的成本和向客户收取费用带来的负面影响之后，银行取消了这一收费项目。

■　将已故配偶从夫妻共同账户中注销的过程，必须先将共同账户关闭，同时为还在世的那一位重新开设新账户。一位员工指出，这么做浪费时间，而且，对还处于哀痛中的配偶太冷漠，这事实上是在让客户把自己的生意带到其他地方去。原来，这项几年前由法务部门制定的政策，是对保护已故个人遗产的联邦法规的过度回应。"消灭愚蠢规则"分析师做了一番研究后发现，仅凭有效的死亡证明就可以从账户中删除已故的伴侣。

■　为了向企业账户添加一名新的签名人，企业必须重新提交一张新的签名表，包含所有签名人。接着，银行工作人员必须手动重新输入所有数据，接着逐一重新扫描签名。有些企业账户有 40 多个签名人，前述做法对客户和银行来说都太浪费时间了。这么做唯一说得过去的理由是，增加新的签名人时，没人能保证系统可以正确地保留现有签名人的信息。信息技术部门保证现有签名不会丢失之后，这一政策就被取消了。

以下是"消灭愚蠢规则"项目的运作方式。员工通过电话或电子邮件向"消灭愚蠢规则"团队提交请求。拟议的政策调整，将由该团队若干全职分析师之一进行初步审查。分析师先打电话给提交者，获取拟议政策的更多信息，同时也是在向提交建议的人表明，组织正在跟进此事。如果分析师同意应该审查该政策，接下来将初步分析这项政策存在的原因、它影响了什么人、是怎样影响的，以及需要怎样做来调整。银行的每个部门都指定了接待"消灭愚蠢规则"团队分析师的联系人。经验表明，对初始案例研究得越彻底，剩下的过程就越容易推进。

预备研究完成之后，拟议的改动将提交到每月的"用户组"会议上。用户组由银行主要职能领域（如合规、审计、法律、运营、产品、员工支持和培训）的大约 20 人组成，每次会议上一般要讨论 25 项拟议政策变化。分析人员解释了每项政策牵涉的问题，并提出一些修改政策的初步方案。用户组判断政策调整是否值得进一步进行，需要谁的投入，找出所有值得考虑的具体领域。接着，分析师进行所需的一切额外研究，管理最终的政策调整流程。

　　银行给了我们几份分析师研究日志的复印件，记录了每一次的联系和获得的每一条信息。这些日志展示了在高度互联的复杂组织中更改策略所需展开的广泛研究，对细节的把控，以及庞大的沟通量。一些政策下的相关条目超过 100 项，如"跟 X 谈话""发送电子邮件给 Y 请求澄清""我们有 60 000 个账户适用这一政策""收到 Z 的电子邮件——她同意变动""营销文档有了值得一提的新噱头"，以及"对 120 名员工做了调查——32% 的人报告说，客户抱怨过这一主题"。在"消灭愚蠢规则"项目开展的整个过程中，它废除或修改了数百项糟糕的政策，还授予银行基层员工比其他机构同行更大的权限，解决与政策相关的问题和障碍。（遗憾的是，这家银行被另一家更大的银行收购了，后者对开明管理和客户服务不甚上心，"消灭愚蠢规则"项目随之取消。）

　　"消灭愚蠢规则"流程的涉及面超过了一般的创意流程，因为很难预测取消或调整政策带来的所有后果。一项看起来明显很糟糕的政策，有时是出于极为充分的理由而制定的。银行从"消灭愚蠢规则"的经验里学到的重要一课是，为缩短改变政策的痛苦过程，管理者必须在制定政策的时候就考虑得更加全面周到；在制定新政策时，必须以文档形式记录制定它们的原因。

政策制定的简明手册

　　各行各业的组织都会大范围地使用政策。而从这个角度看，经理们在政策制定方面受到的训练，可谓少得惊人。让管理人员具备一些这方面的基本知识，有助于他们理解政策对创意的流动有着怎样直接和间接的影响，将极大地提高其制定的政策的有效性。

大多数政策的设定目的是防止问题（不管是设想中的问题，还是现实的问题）发生。虽然新政策可能会解决决策者眼前的问题，但它们往往会在其他地方制造出更多、更大的问题。

让我们来看看某《财富》500强高科技公司研发总监碰到的情况。上任第一周，总监注意到，到了早上8点的正式上班时间，他手下的许多科学家和工程师并未坐在办公桌前；而还没到下午5点的正式下班时间，他们就离开了办公室。他决定要加强按时上下班的纪律，于是发布了一项新政策：要求所有人在早上8点前坐到办公桌前，下午5点前不得离开。总监开始四处走动，看看哪些员工坚守岗位，哪些没有。

这些科学家和工程师大多是高学历专业人士，对这种有损人格的指令非常反感。这表明，总监对手下员工的工作性质了解甚少，而且他不理解他们是有着内在驱动力的人，通常每周工作50个小时以上，还经常把工作带回家。事实上，许多人早在上午8点之前就开始工作了，7点就开早餐会议的情况也很常见。等总监快到8点来上班的时候，许多科学家早就在公司的其他地方开展工作了；还有很多人，直到总监下班很久以后，才有空回到自己的办公桌前。再说，为了赶在截止日期前完成工作，你上个星期已经工作了60个小时，就算今天提前下班去看女儿的足球比赛，又有什么错呢？

　　员工们给出了一致的回应，严格遵守新总监的政策。每名研究员上午 8 点准时到达办公桌，下午 5 点立即离开。很快，实验室开始错过关键的时间节点和截止日期（这种情况在前任领导时期很少出现），新的产品创意近乎枯竭。总监用了好几个月才弄明白原因。

　　该公司大部分真正新颖、最赚钱的产品都可以追溯到跟研究员正式工作任务无关的创意上。此前，研究员们会早到或者晚走，构思这些创意。他们会检验自己的概念，跟同事开会，进一步讨论和发展自己的创意。只有当创意显得很有潜力时，他们才把它拿给管理层，接着由管理层将其作为正式项目推出。

　　这位新实验室总监在制定政策时，犯了跟许多经理同样的错误：他把焦点过于狭隘地放在了一个具体的可感知的问题上。他既不检验自己的假设，也没有考虑过更宽泛的背景，以及他政策的有形和无形影响。结果，他制造了破坏性大得多的新问题。表 4.1 的政策分析矩阵，是一套有用的政策制定框架。研发总监专注于消除一个问题（象限 1），而没有考虑其他三个象限。首先，他没有考虑自己的新政策会抹杀优势（象限 2）。这一政策破坏了原本工作卖力的员工队伍。有了新政策，他（不得不）接受一支朝八晚五的员工队伍，这些人创造力更低，愿意错过重要的截止期限（象限 3）。我们可以判断，新政策没有给总监创造或带来优势（象限 4），虽说他自己感觉一切均在控制当中、员工们不再偷懒。

表 4.1　政策分析矩阵

	问　题	优　势
消除	象限 1 政策想要消除的问题	象限 2 政策抹杀的优势
制造/ 保留	象限 3 政策保留或制造的问题	象限 4 政策保留或制造的优势

如果他收集了更多的数据，仔细考虑过问题的这一方面，他很可能选择接受少数人偶尔迟到早退，以保持员工的生产率以及高水平的内在驱动力。

管理人们的行为往往还有其他更有效的方法，而直接颁布一刀切式的法令，很容易产生大量额外的问题。如果总监担心下属工作松懈，采用更细致、更有针对性的做法会更好。如果他和经理们讨论过自己关心的问题，他会知道事情并不像乍看上去那么普遍，而且他们可以单独处理少数几个真正违规的人。后面说的这种解决方法比起直接扔下一颗政策炸弹，把大多数科学家当成附带伤害一起炸掉，效果会好得多。

人有一种依靠政策消除问题的天然倾向。政策似乎能轻松快速地解决问题。但政策一般也都是生硬的手段，无法考虑到具体情况的微妙差异。在有些环境下，它们兴许很管用，但在大多数情况下，微妙、灵活、针对性更强的方法，能更有效地解决潜在问题。

就算目前的局面最适合采用政策手段，也不应在未经周全分析、谨慎分辨诸多后果之前贸然制定政策。政策分析矩阵可以帮助决策者为潜在的政策解决方案搭建更宽泛的框架，更好地理解政策后果。

行文至此，我们只讨论了怎样避免政策的负面后果。但我们还应该指出，哪怕政策确实是生硬的手段，没有留下太多阐释的余地、无法给予微妙的转圜，但考虑周全的政策仍然是极为有益的。我们碰到过许多把政策纳入创意系统的组织，这些政策激励人们为创意付出努力，并就如何管理创意做出了明确的承诺。这里有一些我们见过的令人难忘的例子：

■ 全球纺织公司米利肯的前首席执行官罗杰·米利肯在启动公司的创意系统时，制定了两项重要的政策。第一，每一个创意都要在 24 小时内得到确认，并在 72 小时内付诸实施（也就是说，创意要么遭到拒绝，要么给予实施，要么展开进一步研究）。第二，在每一次管理会议上，改进创意总是放在议程的首位。

■ 如前所述，许多组织都制定了政策，为基层团队提供相应支出权限以便实施创意。我们见过的支出权限最高的例子，是 21 世纪初位于密苏里州的达纳公司（达纳是一家一级汽车零部件供应商），工厂的基层团队对每个创意有 500 美元的支出权限，无需管理层批准。团队成员告诉我们，如果要对付比较大的问题，他们往往先把问题拆解成若干较小的创意，从而获得更大的预算，尝试为创意提供资金。

■　在瑞典通风产品制造商 Fresh，团队创意预算的每一笔支出，都需要由团队自己投票决定。团队经理本身没有权力做出与预算相关的支出决定。

■　第 2 章讨论过的医疗保健机构 ThedaCare 有一项政策规定，上午 8 点到 10 点，是"不开会时段"，管理者可以去现场四处走动，支持员工的改进尝试。

校准流程和程序

几年前，一家中型软件公司的质量副总裁给本书作者之一打电话，希望我们帮助他的公司通过 ISO 9001 认证（ISO 9001 是国际标准组织设定的企业质量管理体系标准）。在我们最初的谈话中，副总裁解释了他碰到的问题。

"我们（质量部门）已经编制好了所有程序，但没法让员工遵照执行。我们需要你的团队来做到这一点。"

副总裁的要求让我们围绕一个历史悠久的问题展开了长久的辩论。这个问题是：到底是由管理层从上至下地强制推行标准化程序好，还是让执行工作的人设计并掌握此类程序好。在科学管理运动的早期，两位最杰出的倡导者及其追随者就以它为核心问题争执不休。弗雷德里克·泰勒认为，管理曾应该根据自己对工作的分析来拟定程序，然后把程序作为一种控制手段强加给工人。弗兰克·吉尔布雷斯（Frank Gilbreth）也尝试运用最佳实践，但他意识到，关于如何将这项工作完成得最好的知识，大多掌握在那些真正从事该工作的人手中。他认为，标准程序是持续改进的基础，应由具体从事工作的人来推动，只不过有一项附带条件：

> 外行人往往并不懂得，唯有由不符合标准程序方法的员工提出的发明和改进建议，才没人想要……提出改进建议的前提是，经证明，提案者知道标准方法，并能在标准时间内以标准的方式、标准的质量完成工作。只有符合这一条件，他才能知道自己的新建议是不是一项真正的改进。[1]

副总裁试图将自己的程序强加给员工，结果反而失去了让基层员工开发并持续思考怎样改进程序的好处。他应该采取的做法，也是我们建议他采用的做法，是请基层员工把自己真正完成工作的方式记录下来。只有这样做了以后，副总裁才能让他的管理人员审查工人提出的程序草案，看它们是否符合 ISO 9001 标准的要求。如果不符合，他的管理人员应该提供指导，并与基层员工一起研究怎样更好地改进工作方法，使之符合标准。

这种更具包容性的方法可能会在事前多花费一些时间，但它也可以更快速地让公司获得认证。采用这种方法，管理层就不必强迫工人遵循自己设计的程序，等经历了许多痛苦的磨合之后，才发现其中许多程序都不切实际，必须改动。如果从一开始就把工人实际完成工作的程序准确记录下来，那也就奠定了持续改进的基础。

在理想的情况下，流程和程序应当反映组织在任何特定时间点上的累积知识，而且，它们还应该随着新知识的出现被不断修改和调整。传统组织和创意驱动型组织的一项根本区别在于谁掌握流程，也就是说——谁对流程的绩效负责，谁就有权更改流程。如果流程和程序不在使用它们的人手里，那么，就不可能建立起一套高绩效的创意系统。员工的许多创意，都是为了改进自己工作所用的流程和程序；他们能越快地实施这些创意，组织也就能越快地获得其中的新知识，故此也就能越快地改进。如果拥有这些程序的是管理层，那么，管理层投入改进这些程序的时间，以及它对基层现实情况认识不充分，就会限制程序的改进速度。

遗憾的是，将流程和程序的所有权转移到基层，不仅仅是简单地决定信任员工，接着把责任推给他们。它需要谨慎地协调目标、对职责和权限做明确的定义、建立系统问责制，确保基层员工获得恰当的技能和信息。对我们来说，管理层普遍对这些因素欠缺考量，这解释了为什么有这么多组织的赋权活动一开始就是错的，并以失败告终。

校准评估和奖励系统

评估和奖励方案出了名的不容易做好。因此，在尝试将创意整合到现有方案中之前，有必要了解什么东西能真正激励人们推进创意。我们在研讨班上经常用一个练习来阐明这个问题。我们请参与者做下面的事情：

1. 举出一个你在工作中想出来并引起同事或上级关注的创意。

2. 写出是什么让你产生了这样的创意，又是什么使得你推进这个创意。

3. 跟坐在你桌子旁边的人一起讨论你的答案。

典型的回答包括"它让我的工作变得更容易""它为我节约了时间""它消除了某个问题或挫败的根源""它改善了客户服务""我希望帮助公司""我为自己的工作感到自豪"——这些全都是内在动机的表达。很少有人会说："我这么做是为了获得奖励。"这个练习表明，人们天然地希望分享创意，并不需要靠奖励刺激来实现。实际上，我们建议组织不要建立一套单独的个人创意奖励系统（许多人认为创意系统就是"员工意见箱"，并建议安排单独的奖励制度，我们并不这么看），因为这种方法会在许多层面上造成严重的行为问题和失调。（我们在《创意即自由》一书的第 3 章，对奖励个人创意所造成的功能失调问题做了更多的探讨。）

对待创意，应该跟对待绩效的其他任何重要方面一样。每一家组织都有评估和奖励员工的机制；这就包括绩效考核、奖金、绩效加薪和晋升。在创意驱动型组织，创意是所有人工作里的常规部分，创意绩效也需要整合到这些机制当中。

根据我们的经验，这样做一般是相对简单的。大多数人事评估方案已经包含了诸如"改变意愿""创造力""适应性"和"改进导向"等职业能力素质，对它们稍加调整，即可将创意绩效涵盖在内。许多创意驱动型组织还将奖金与创意绩效挂钩。

结论

校准框架（图 3.1）中还有三个元素有待探讨。第 5 章和第 6 章探讨了创意管理流程之后，我们将在第 7 章针对"技能"元素进行探讨，这时对它展开解释也是最合适的。此外，由于"文化"和"行为"的整合性质，它们贯穿了全书。

根据创意重新进行校准，是足以改变游戏规则的实践。没有这一环节，组织就无法真正做到以创意为驱动。如果组织的结构、管理和领导方式每天都在告诉员工他们的创意不受欢迎，那就无法期待员工会提交自己的创意。而一旦组织经过校准，要保持它的校准状态，就需要持续的警惕和不懈的努力。

考虑到这一点，我们现在准备转到怎样架设、启动和管理创意流程上面。

关键点

✓ 组织的管理系统一般是随着时间的推移逐步建立和演变的，人们往往很难想到它们会对创意流动造成什么样的影响。大多数组织的管理系统与自下而上的创意是严重错位的。

✓ 创意是对未来的投资。如果领导者希望自己的组织能够迅速改进、有所创新，就必须给员工时间来实现创意，并为之分配小额预算，让他们容易获得支持部门的协助。

✓　如果政策直接或间接地妨碍了创意流动，那就需要修改或取消。
　　这个过程可能极具挑战性。政策一般是组织里不同部门的许多
　　人制定的，他们都是从各自的角度来处理问题，很少考虑这些
　　政策有可能对创意的流动造成什么影响。

✓　考虑到政策在组织中的广泛使用，管理者在政策制定方面获得
　　的培训却少得惊人。让他们具备相关的基本知识，将极大地提
　　高其所制定政策的有效性。

✓　如果流程和程序不在使用它们的人手里，那么，就不可能建立
　　起一家创意驱动型组织。流程和程序应当反映组织在任何特定
　　时间点上的累积知识，而且，它们还应该随着新知识的出现不
　　断被修改和调整。

✓　对待创意，应该跟对待绩效的其他任何重要方面一样，并应整
　　合到组织现有的绩效考核、奖金、绩效加薪和晋升中，而且这
　　样做一般是非常简单的。

第5章 | 有效的创意流程怎样运作

1992 年，"董事会"出版公司（Boardroom Inc，总部位于美国康涅狄格州）的首席执行官马丁·埃德尔斯顿（Martin Edelston）聘请了偶像级的管理大师彼得·德鲁克（Peter Drucker）到自己的公司来工作一天。对德鲁克的这次来访，埃德尔斯顿并没有什么特别的目的；他只是想请德鲁克看看自己的公司，告知怎样改进。这一天结束的时候，德鲁克给他留下一条即将改变这家公司的建议：请每一名员工带着改善公司的创意，参加每星期召开的部门会议。埃德尔斯顿接受了建议，着手推进。

起初，因为想要保留控制权，他会亲自审核并批准每一个创意。他的做法是在周末一边骑着健身自行车锻炼，一边浏览这个星期的创意。他跟我们开玩笑地说，这花了他很多时间，因此让他的身材变得特别好。

然而，有一个星期天，埃德尔斯顿在处理一大堆建议时，看到了一条来自信息技术部门的一名程序员提出的软件改进建议。因为没弄明白这个创意，星期一早晨，他找到那位程序员，请后者解释一下。半小时后，埃德尔斯顿走了，心里还是很困惑。

可他随即恍然大悟。埃德尔斯顿是因为程序员的专业知识而雇用他的。他比埃德尔斯顿更清楚公司的信息技术系统。为什么要由埃德尔斯顿来判断调整软件是否有意义呢？而且，一般来说，让那些最熟悉相关情况的人做出与创意有关的决定不是最好吗？埃德尔斯顿意识到自己成了绊脚石，就改变了规则。很快，大多数创意决定就由基层员工在每周的部门例会上来做了。埃德尔斯顿只需要审查那些涉及重大投资或多个部门的创意。把所有其他决策都放到公司尽量低的层级来做，能减少工作量，提高决策质量，并且让创意实施得更快。（如需了解"董事会"出版公司的更多故事，请参考《创意即自由》。）

要是埃德尔斯顿必须亲自审核、评估每一个创意，那么，他就只是在运行一套建议系统，该系统的成功将受到他自己知识和时间的限制。建议系统（不管是用意见箱收集建议，还是在线收集）的潜在假设是，管理层了解得最清楚。组织不信任普通员工能做对组织最有利的事，要么觉得他们缺乏必要的知识和判断力，要么觉得他们会把个人利益放到组织利益之上。因此，哪怕是最小的调整，也必须由"成年人"参与批准。不足为奇，在这样的系统下，管理层变成了瓶颈，员工觉得自主权受到剥夺。每年每名员工的创意能被建议系统收集的不到一半，而得以实施的不到 1/3，这也是原因之一。

埃德尔斯顿的顿悟正是他创建高绩效创意体系所需的前提。

创意的数量和质量都在飙升，到 20 世纪 90 年代中期，公司平均每位员工每年都提出超过 100 个创意，实施率超过 90%。

如果领导者觉得自己能够信任员工，允许他们对创意做出决定，那么，问题就变成了怎样设计一套系统来实现这种信任。在本章的剩余部分，我们将介绍三种正适合做到这一点的高绩效创意流程原型：改善提案、创意会和创意板。

"改善提案" 流程

20 世纪 80 年代中期，我们在日本第一次遇到了"改善提案"（kaizen teain，日语里的意思就是"改进建议"）流程，当地的许多大公司都在使用它。在我们看来，它就是第一代的高绩效创意系统。90 年代初，顶尖的日本公司开始将本国制造业推广到全球，也将这套流程引入了世界其余地区。虽然从历史上看，改善提案系统是从意见箱发展而来的，而且，两套流程也有不少外在上的相似之处，但改善提案方法发展出来，就是为了减轻或消除意见箱的大部分缺陷。为理解这一原型系统的运作，我们最好是来看一个实例。我们选择用第 1 章中介绍过的巴西制罐企业巴西莱塔来介绍这一系统，借此也可说明它同样适用于非日系企业。

20 世纪 90 年代初，巴西莱塔的首席执行官安东尼奥·特谢拉在阅读了大量日本书籍和文章后，对改善提案流程产生的显著效果产生了浓厚的兴趣，便在自己的公司里建立了创意系统。如今，该公司员工每年人均可提出大约 150 个创意，90%均付诸实施，这让巴西莱塔成为巴西最具创新力的企业之一。

巴西莱塔在巴西全境开设有四家工厂，每一家都安排了全职员工为创意系统提供支持。例如，在该公司位于圣保罗的主要运营厂区，一支由七名资深工人组成的团队负责处理创意，他们会根据临时任务前往基层车间（这些工人的知识能让他们更好地理解创意，提议人也非常信任他们）。此外，还有一支包括两名机械师、两名工程师、一名设备员和一名电工的团队，专门帮忙实施创意。该公司的其他三家工厂也有类似的团队。

创意可通过在线和书面两种方式提交。为方便上网，巴西莱塔在公司各处都设立了网吧，但一些员工仍然觉得把创意写在纸上更容易。纸上的创意会放进专门的收集盒，每天收件两次，24小时内即可进入系统。

只要有可能，员工在提交创意之前会自行实施其创意。他们只需要去找协调员（巴西莱塔对基层经理的称呼），后者可批准实施成本低于100雷亚尔（大约50美元）的创意。主任（协调员的上级）的创意实施授权最高可达5 000雷亚尔（约合2 500美元）。倘若超过此数，创意会直接呈交给首席执行官。大约70%的创意由员工自己直接实施，还有10%由协调员实施。其余20%的创意升级变成实施团队的任务。

如果员工没有权力或能力亲自实施一个创意，那么，这个人就应该推荐最合适的人来审核这一创意。通常，这个人是员工对应的协调员，不过，他也可以是公司里的任何人。不管创意最终落到谁的手里，他都有 7 天时间进行评估和回应，以免该项目在自己的创意汇总屏幕上变成红色。一旦创意获得批准，必须在 45 天内实施。每隔一个月，首席执行官都会审视变成了红色或实施延期的创意列表，用一场"很强硬的谈话"（这是协调员对我们说的）责成办事不力的管理者跟进。

总而言之，在该公司的 1 000 多名员工里，有 40 多人全职从事处理或实施员工创意的工作。巴西莱塔的技术支持部门也会提供额外的援助。协调员告诉我们，他们会花大约 10% 的时间来处理员工创意。

在跟日本没有这样那样联系的组织里，改善提案系统非常罕见。如前所述，它们本质上是传统的意见箱式系统，经过高度优化，以减轻其固有的局限性。为了更好地运作，它们还要求组织具备改善文化，大力鼓励个人向前推进自己的创意。由于它们依赖于强大的文化，建立高效的改善提案系统，需要多年的坚持和纪律。巴西莱塔用了几十年时间才使其系统达到目前的绩效水平。我们认为，必须具备非凡的耐心和坚持不懈的纪律，才能建立并培养能驱动改善提案系统的十分强大的改善文化，这能解释为什么如今很少有组织仍使用这类系统。

以团队为基础的流程

今天，大多数建立了高绩效创意系统的组织都使用第二种和第三种原型——创意会和创意板流程，两者都以团队为基础。只要按照完成常规工作的方式将它们整合好，其提升速度会比改善提案系统快得多，因此可以在相对较短的时间内产生良好的效果。以团队为基础的流程，是为方便员工向其所在工作小组或部门提出"改进机会"（OFIs）而设计的。"改进机会"是一个问题、一个机会，或是一个创意。（机会的反面就是问题，因此，从现在开始，我们用"问题"一词来同时指代问题和机会。）

很重要的一点是，这两种流程都鼓励人们同时提出问题和创意。大多数人出于经验都会认为问题是负面的，应该避免，需要隐藏。毕竟，没有人愿意成为他人眼里爱发牢骚的人，或是因为提出问题而遭到指责。但由于每一个创意都始于问题，因此团队必须学会寻找并接受问题，而不是回避问题。

让创意流程接纳问题的存在，能极大提高团队创意的数量和质量。创意数量的提高，往往是因为发现问题的人不知道该怎么解决它，但团队知道。创意质量的提升，则是因为团队带来了多重视角和更多的知识来处理问题，所以人们能想出更好的解决办法来。有时候，一个创意并不能解决真实存在的问题。在舍弃这一创意的同时，人们很容易忽视潜在的问题。但倘若能回归问题本身，团队往往能找到有效的解决方法。

我们在斯普林菲尔德技术社区学院（Springfield Technical Community College，简称STCC）遇到了一个能说明其运作方式的很好的例子。这家学院坐落于马萨诸塞州斯普林菲尔德市中心，为9 000多名学生提供服务。据我们所知，STCC是少数建立了高绩效创意系统的高等教育机构之一。许多年前，学院刚搭建起系统，在试点区域召开第一场团队创意会的时候，一名员工提出了一个创意："我们可以在整个校园张贴海报和宣传册，提醒学生使用校园网络系统，方便他们查询成绩、支付账单、注册选课等等。" STCC 的创意板流程给了每名团队成员两张选票，人们可以投票选择自己所在的科系要推进哪一个创意。这名员工的创意一票也没拿到。会议快要结束时，协调会议的主持人为这样的结果大感惊讶，便请提议人解释潜在的问题是什么。

这名员工解释说，问题在于学生们没有使用校园网络系统，而是跑到院系和学生服务办公室，向工作人员了解自己想要获得的信息。"每个学期，员工们都会花上数不清的时间帮助那些原本能够靠自己解决问题的学生。"她对团队说。故此，她提出了上述创意：为校园网络系统打广告，鼓励学生们使用它。

团队一致认同，如果学生们使用了校园在线工具，他们可以轻松解答自己的问题，可惜他们就是不用。"那么，"主持人问，"为什么没有人支持这个创意呢？"

原来答案是，人们早就以不同形式尝试过这一创意，但都失败了。许多院系都制作过海报、标识牌和宣传册来推广这一在线系统，均收效甚微。学生们继续跑去向工作人员询问信息。

主持人意识到，因为拒绝了提议的解决方法，整个团队同时也失去解决潜在问题的机会。她重新向小组提出了这个问题，组员们都意识到，打广告的做法固然是行不通，但他们可以用其他方法解决这个问题。经过短暂的讨论，小组一致认为，如果学生们知道怎样使用在线系统，他们会用的。换句话说，问题的根源在于缺乏培训，而不是缺乏意识。于是，团队提议在各个校园注册站点安排后勤自助团，由勤工俭学的学生组成，他们会协助其他同学理解和充分利用在线校园系统。事实证明，这个创意很成功，学院估计，它每年能帮员工节省 700 个工时。

大多数团队一开始只想着从创意本身着手，认为自己的工作就是单纯地赞成或反对某个创意。如何根据情况，在问题和潜在解决方法中平稳切换，需要团队付出时间和精力去学习，而一旦他们掌握了诀窍，便能提出更多更好的创意。

创意会流程

1996 年，我们第一次接触到"董事会"出版公司的创意会。如前所述，当时，在该公司的周会上，每名员工每年平均提出 100 多个创意，执行率在 90% 以上。

在一般性创意会议流程里，人们带着"改进机会"参加定期安排好的会议。这可能是一场专门用于探讨创意的会，也可能是一场常规的团队/部门会。会议大多每一两个星期就召开一次。倘若低于此频率，创意流程就很难获得足够的关注，也很难成为所有人日常工作的一部分。

主持人在会议开始时，会先回顾上次会议分配的行动进展，讨论其中出现的各种问题，接着便请每一成员提出并解释自己的"改进机会"。团队会讨论每个"改进机会",决定为之采取什么样的行动(或是不采取行动)。这些行动可以用于对问题进行更深入的研究,实施一个已经获得首肯的创意,将创意提交到更高一级的管理层,或是把它放到某种"停车场",等过一阵再来审视它。

需要跟进的行动会分配给具体的团队成员,输入跟踪系统(一般就是一份普普通通的电子表格)。跟踪表里涵盖了"改进机会"的所有相关信息:要采取什么行动,谁负责采取行动,预期完成日期。它还会记录提交到更高一级的创意,以及团队希望暂时搁置、过一阵以后再讨论采取什么行动的创意。

创意板流程

从本质上来说,创意板方法其实就是在开创意会的过程中,每支团队或每个部门用创意板来管理自己的创意。所谓的创意板,可以是放置在团队工作区域醒目位置的白板、其他任何类型的实体板子,或是电子平板屏幕。为简单起见,在此我们以白板为例来解释整个流程。

对创意板的具体设计,不同的组织有很大不同,但在最低限度上,它们都允许团队成员发布"改进机会",记录行动项目,跟踪其进度。图 5.1 勾勒了团队或部门创意板的基本布局:上半部分的方框用来收集团队在每一指定领域内的"改进机会",并应跟下面的目标相对应。创意板的下半部分用来管理所需采取的行动。稍后,我们会更详细地解释这一创意板的设计。

应 付 账 款

关注领域♯1	关注领域♯2	关注领域♯3	
有待实施的创意		实施人	到期日

图 5.1　团队创意板样例

相较于创意会方法，创意板方法具备几个优点。创意板一目了然，能提醒人们创意的重要性，让他们专注于关键的团队目标，并制造一种社会压力，要求人们按时完成分配的任务。更高级别的管理者还能够立刻看到每个创意团队的活跃程度，审核当前的改进项目。

具体流程。一场典型的每周创意会，首先会回顾先前所分配行动的状态。已完成的行动，包括团队已着手并希望提交高层的创意，都会录入数据库，并从创意板上擦掉。所有仍在进行中的行动，则会更新其状态。团队将讨论分配"改进机会"时没预料到的延误，如有必要，还将额外分配资源加以解决。

然后，小组转向发布在白板上半部分的"改进机会"，按轻重缓急确定工作顺序。有一些"改进机会"是前一周刚发布的；另一些则是小组还没来得及着手进行的。团队判断需要采取什么行动来推动所选的"改进机会"，并将这些行动分配给团队成员，说明预计完成日期，记录在创意板的下半部分，以管理后续推进情况。

创意板。如前所述，尽管所有创意板的运作方式基本上都一样，但其具体布局可能很不一样。在图 5.1 所示的基本创意板布局里，顶部分为三个方框，每个方框代表团队的目标或关注领域。（可回想第 3 章中，我们讨论了创意驱动型组织怎样将每个团队的目标与组织的总体战略目标精心结合起来。）团队成员将个人的"改进机会"放在适合的方框里。有些创意板的布局有三个以上的关注领域，也可能包括了有其他用途的方框，比如一次性主题，搁置创意的"停车场"，需要提交到更高级别管理层的创意，或是不属于任何关注领域的"改进机会"。

根据部门或团队的背景和性质，目标可以是非常具体的，也可以是相对宽泛的。例如，第 3 章中描述的西班牙/葡萄牙电子产品零售商的仓库经理所选择的关注领域是"每名员工每周的发货量""同一天正确发货的订单百分比"和"库存周转率"。就配送仓库里定义明确的填写订单任务而言，写得这么具体，效果会很好。而在更加复杂、结构性不强的环境里，更宽泛的关注领域兴许会有更好的效果。英国一家保险公司的索赔部门选择的关注领域是"生产率/效率""客户服务""返工减少情况"。管理层认为，把测量指标定义得太窄（比如"每小时处理的索赔""客户投诉""每100次索赔中的失误情况"）的话，局限性会太强，也会限制创意。

人们不时会询问我们怎样在创意板上发布"改进机会"。一些组织用的是便利贴、预印卡片或纸条。还有一些公司要求员工直接在白板上写出来。每种方法都各有优缺点。人们想到一个"改进机会"的时候，往往没法立刻跑到创意板跟前。所以，如果必须到白板上把"改进机会"写出来，很可能会漏掉好些创意。如果系统使用卡片，员工可以把它放在口袋里或公文包里，一想到"改进机会"（哪怕这时候在出差或是已经下班在家里）就写在卡片上，事后再发布到创意板上。使用卡片还能很方便地移动其位置，这样，无需擦掉重写，也能轻松地将相关主题的"改进机会"归拢到一起。预印卡片通常印有提交者的姓名、日期、对潜在问题的描述，以及针对问题的创意（如果有的话）。名字和日期有助于问责，而明确的问题陈述有助于团队思考潜在问题及备选解决方法。直接写在白板上的好处是，人们能更清楚地看到"改进机会"，而且，在会议期间，还能一次性地看到所有创意。这样创意会能开得更快，有助于调动所有与会者。

团队经常担心，访客或其他部门的人都能读到公开发布在创意板上的问题。但除非涉及专有或敏感信息，否则，让所有人都能看到创意板上的内容，展现出团队以及整个组织都愿意承认并解决问题。根据我们的经验，这不但不会让团队在访客面前难堪，反而会给访客留下深刻的印象。

例如，新英格兰地区一家中型公司的首席执行官曾经接待过一群银行家，后者正在斟酌这家公司的一笔大规模扩张贷款申请。银行家们在一块创意板前停了下来，有人问这是什么。首席执行官解释说，创意板展示了这一领域存在的一些问题，以及员工们正在为它做些什么。创意板上还有几张已完成项目的"完成前"和"完成后"对比照片。后来，首席执行官告诉我们，等这些银行家意识到创意板上的一切有些什么样的言外之意，他们便决定批准发放这笔贷款了。坦诚面对问题并确保员工不断努力解决问题的公司，就是值得信赖、值得放款的公司——一点儿也不假！

公开可见的创意板还可以将团队正在处理的具体问题，传达给其他部门的员工和经理。人们通常会出于好奇而去阅读其他团队的创意板，为自己的团队汲取洞见和创意。人们经常问我们，是否应准许员工在其他团队的创意板上发布"改进机会"。原则上来说，这件事值得鼓励，但它也可能是一个非常敏感的领域，因为团队外的人提出的"改进机会"，有可能会被团队内部成员视为批评。我们推荐的做法是，至少在组织的创意系统和文化都达到成熟状态之前，如果有人希望向另一支团队分享自己的"改进机会"，不妨寻找该团队内部的某人作为共同发起人。

一些组织使用专用的电子平板显示器作为创意板。电子创意板的优点在于它可以很容易地被设定成便于团队成员远程使用计算机或手机访问的状态。有时候，比如团队成员分散在各地，组织可以采用完全在线的形式展示其创意板、召开碰头会（大多采用某种基于网络的项目管理应用程序）。尽管这在一定程度上降低了团队互动的质量，但如果的确无法面对面地交流，以这种形式召开创意会也未尝不可。

协调引导

有太多的事情都有赖于团队成员的知识和创造力，故此，创意会必须在良好的协调下召开。一般而言，协调员是团队的领导者或监督者，但也可以是普通的团队一员。他们不必是房间里知识最渊博的人，但必须具备团队流程管理的技能。协调员必须调动所有团队成员（尤其是那些往往默不作声的人），让他们发表意见。他们必须让小组的讨论焦点基本上放在自身领域内，让小组按轻重缓急把"改进机会"排出个着手的顺序来。他们必须决定哪些问题应该让小组迅速处理，哪些需要更深入的讨论，哪些需要更多的调研。协调员必须在应该采取什么行动、由谁采取行动、何时完成行动等事宜上达成一致意见。他们需要快速地推进会议进度，同时也需要让所有人都参与进来。优秀的协调员甚至能让会议变得妙趣横生。专业的协调引导，对有效召开创意会非常重要，在这一领域提供培训和辅导，往往能得到快速的回报。

关于创意会的主持协调工作，我们有几点小建议。第一个针对的是较大的创意。很多时候，团队会揽下一个规模较大、无法在一两周内完成的创意。与其把任务整个地交托给一个人或一支团队，不如把这个创意改造成一个项目、分解成若干较小的任务，往往效果更好。这样一来，团队就可以把任务分派给很多人，并把员工掌握的技能跟所需要完成的工作搭配起来。之后，创意会还可同时充当项目会，负责监控进度、分配新任务，并随着项目的推进作出各种所需的调整。

对那些没法用一个创意就解决的重大复杂问题，也可以采用类似的策略，增量式地推进解决。把这样的问题分拆成很多个容易实施的小创意，团队可以渐渐减少其负面影响，甚至随着时间的推移最终彻底解决它。

第二，创意最初出现的时候，往往不能直接付诸实施。这类创意或许包括以下情形：改进需要动用的资金支出，等到下一预算周期才能核准；设备需要改造，但最好是纳入新一轮即将开展的翻新工作，届时再做效果会更好；对软件或设备的修改，现在看来并不合乎实际，但可以放入下一轮升级；产品或服务的功能可以整合到将来的设计调整当中。这类的创意应该记录到一个或多个创意"停车场"，以便在合适的时候方便地提取。

第三，除了主持人之外，会上还应该有其他人充当记录员，记录"改进机会"和决策。主持人的主要角色是在团队针对问题构思创意的时候发挥指导作用，兼任记录员会让她分心。

第四，主持人需要知道怎样处理那些无法实施的创意。一旦员工觉得自己的想法和创意没有获得严肃对待，创意的源头就会迅速枯竭。当然，优秀的创意无法实施，原因也很多：资金未能到位；创意与公司的目标不符；其他规划好的调整将取代它们；法律或监管规定有可能禁止它们。优秀的创意会主持人要总结创意无法继续推进的理由，并保证所有人都能理解。

在这一点上，主持人有两种选择：要么放弃这个创意，要么带领团队回到最初的问题，看看能不能借助问题里暗藏的其余机会（当然，这要看条件是否合适）。

以我们合作的一支团队所发生的事情为例。一所大学的校友关系事务部主任邀请我们为她的部门做一场简短的讲演，介绍建立创意系统的好处。我们照做了。几个月之后，她又找到我们。她说，自己的部门已经积极地建立起了一套系统，不断向前推进。然而，她和工作人员对整个流程的运作有些疑虑，想知道我们能不能再回去多给他们一些帮助。

几个星期后，我们过去，发现整个部门的三十来人正聚集在会议室。"我们最大的挑战是，"主任说，"我们不难想到好创意，但似乎没有时间或资源执行任何一个创意。"房间里的人都纷纷点头表示同意。

我们请她举个例子。她拿起目前收到的创意清单，读出了第一条："为所有人提供 Excel 表格方面的培训。"

"这是个很好的主意，"她接着说，"我们所有人随时都在使用Excel。可我们去考察了一下派所有人接受培训的费用，那要花 15 000 多美元，而且我们还得让办公室停业两天。"

"是谁想出这个主意的？"我们问道，想要寻找触发这个创意的问题。坐在后面的一位女士举起了手。

"什么事让你产生了这个想法呢？"我们问她。

"我需要用 Excel 做一种（特殊的）图表，但不知道怎么做，"她告诉大家，"这让我想到，我们最好是全都接受一些 Excel 培训。"

"我知道怎么制作那种图表，"坐在她旁边的人插话道，"散会后要是你有时间的话，我做给你看看，只要几分钟就够了。"

这解决了那位女士的问题，于是我们转到下一个创意上。当我们顺着清单一个创意接一个创意地往下推进时，一种模式就浮现出来。很多创意都涉及投入大量资金去解决一些问题（没有经验的人在解决问题时经常这么做），而这些问题，只需稍加思考，运用少许创造力，就能更高效、更廉价地解决。为说明金钱和智谋会彼此抵消，我们回到第一个创意上。

"显而易见，如果每个人都对 Excel 有更多的了解，办公室将会运转得更为高效。但这并不足以证明，花 15 000 美元做 Excel 培训是值得的。假设你只有 50 美元。你会怎么做？"排除掉费用昂贵的解决办法，是促进创意的"诀窍"，它能迫使团队在思考时发挥更多的创意。

基于房间后面两位女士的交流，团队很快就想出了比"为所有人提供 Excel 培训"更好的解决方案。这间办公室里有 30 人都在使用微软办公套件，几乎所有相关问题，都有人知道答案。为什么不安装一块公告板（成本：25 美元），让那些在使用过程中碰到问题的人提问呢？或者，为什么不在办公室里指定几名"高级用户"，让"有问题的人"随时求助呢？对问题追本溯源，排除砸钱式方案，团队构思了一连串廉价的创意，巧妙而高效地解决了问题，效果远好于两天的场外培训。

大多数主管都需要一些指导，打磨自己的协调技巧。方法之一是让级别较高的管理者定期参加下属职责范围内的创意会。这样，下属便可以观察上司的行动，获得指导。尤其是在开始阶段，让上司在定期巡视提供结构组织得当的反馈，能确保下属获得一致而有效的指导。正式反馈可以采用很简单的形式，比如填写简短的表格，指出主管/协调员在哪些事情上做得好、可以怎样加以改进。这一表格应该由观察员（上级）在创意会上填写，并在会议结束后立刻跟主管讨论。

上呈

有时，一些跟创意有关的决策，无法在基层完成，而需要升级到更高层级，比如：创意兴许需要动用基层团队无权使用的资源（如技能、时间和/或金钱），需要动用其他基层部门的资源（如技能或时间、金钱），需要其他部门或职能部门参与，需要专门解决问题的资源（如六西格玛项目、改善活动、研发项目等），又或是单纯只需要更高级别的审查或许可。

上呈流程应该快速、透明，清楚地定义各类创意怎样传送，并清晰地说明各层级的决策权力和跟进期待。如果没有明确的上呈流程，创意就会按临时方式处置，很容易丢失或停滞。如果上呈的创意未能得到及时的跟进，员工对系统的信任就会减弱。

　　在前文介绍过的瑞典卡车制造商斯堪尼亚，上呈流程具备这里所说的所有必要特点。基层团队的每周创意会结束时，团队领导将需要上呈的创意放到自己上级的创意板上，后者会在自己的周会上提交给团队领导。如果主管的创意会认为某个创意还需要进一步上呈，那么，它会进入生产线经理的创意板，如有必要，再从这里进入高级领导团队的创意板。由于各级别的创意板人人都能看到，基层工人可以顺着指挥链，一路跟进上呈创意的进度。

　　在斯堪尼亚，大多数上呈的创意会在一两个星期内处理完毕。但有些可能需要更多的调查或小组之间的协调，还有一些可能要等到下一个预算周期。例如，斯德哥尔摩郊外的柴油发动机装配工厂提出了一个创意，涉及每台发动机的配套工作站说明书。斯堪尼亚的发动机都是特别定制的，每一座工作站都需要拿到每一台发动机的具体装配说明。由于发动机是放在传动带上运送到不同工作站的，故此，工厂可以把实体文档小册子换成安装在传送带上的平板屏幕。发动机抵达各个工作站时，屏幕上就会播放正确的处理信息，从而减少大量的文书工作，文档不会再放错位置，工人们不必再翻阅文档查找具体说明，能节约海量的时间。由于这个创意涉及整个工厂，并需要大量的投资，它一路上呈到了领导团队。在那里，它被搁置起来。直到来年的资本预算流程展开时，工厂管理层才讨论并批准了它。虽然批准和实施这一创意用了一些时间，但这个例子的要点在于，提出这一创意的基层团队成员知道每一步都发生了些什么。

上呈流程的一个重要规则是，将创意上呈到下一级别之前，较低级别能够做的所有研究和支持工作，都需要事先完成。借用英国军队的一个说法，我们将这一要求称作"完成参谋工作"。把参谋工作放在组织里尽量低的层级上完成，可以让更多的创意获得更快的处理，而且成本也更低。

创意上呈时，"参谋工作"做得较差或者不够完整，这代表着应向该层级工作人员提供指导。上级不光要对创意给予反馈，以便开展进一步的工作，还要清楚地解释参谋工作做得不足的原因。如果能坚持不懈地做到这一点，那么，随着时间的推移，团队便可逐渐了解高层管理人员做决策前所需要的各种信息，并学会怎样为创意提供更有力量的证据。团队将据此过滤创意，判断哪些创意需要上呈也会变得更容易，结果往往也更积极。福斯特公司（Foster Corporation）是一家位于康涅狄格州的中等规模医疗产品公司，首席执行官拉里·阿奎洛（Larry Acquarulo）修改了上呈流程，并要求给创意配套完善的参谋工作之后，他发现：

> 过去，我会收到各种各样的想法，其中很多都是半成品，我必须亲自检验。这浪费了我大量时间。现在，我基本上能拿到成形的样品，只需要稍加修改就行。

同理，如果员工上呈了一些本应在较低级别上做出决定的创意，这暗示人们大概不确定自己的职责和权力层级。第 2 章中讨论的 Big Y 连锁超市就曾在试点阶段碰到过这样的情况。一家门店的收银员建议在停车场张贴告示牌，提醒顾客携带环保袋。他注意到，顾客经常会因为忘记带环保袋而向他做出无奈的示意。他的团队很喜欢这个创意，并把它转给了店长。刚到公司几个月的店长也很喜欢这个创意，立刻将它上呈给了自己的上司——地区总监。地区总监也认为这是一个好主意，但因为门店停车场应由店长负责，所以，他认为店长会着手办理，便没有采取任何行动。然而，过了三个星期，跟踪软件显示，由于地区总监不作为，创意陷入了停滞，软件将此创意高亮显示，以供在下一轮高级管理会议上审查。在随后的讨论中，高层承认这个创意应由店长实施，而且，这件事为地区总监提供了一个绝佳的机会，让他跟自己新上任的门店店长好好谈一谈权限和责任。

许多组织还使用上呈流程，复制可以应用在组织其他地方的创意。虽然环保袋告示牌的创意并非出于这个目的而被上呈，但它确实引起了高层管理人员的注意，很快，该创意就在整个系统内得以实施。Big Y 下辖的 60 家门店都使用了它，创意的价值大大增加。

关于上呈的最后一点注意事项：一定要把你的基层创意系统跟组织中的其他改进和创新系统（如精益、六西格玛、质量改进或产品研发系统）建立关联。许多关联，都可以设计到上呈流程当中。

我们将在第 6 章和第 8 章进一步讨论这个主题。

电子意见箱陷阱

不要将高绩效创意流程跟传统的建议系统混为一谈，这很重要。几乎所有组织，无论其规模大小，都尝试过建立某种系统来收集员工的意见。尽管今天的建议系统一般都会放在网上，但它们差不多全都脱胎于传统的意见箱思路，它们处理创意的方式，也跟 19 世纪的意见箱完全相同。把整个流程自动化，并不会让它摆脱先天的局限性。你可以给一头猪涂脂抹粉，但它归根结底还是一头猪。

为避免一不小心建立起一套华而不实的意见箱流程，我们有必要先弄清为什么这样的流程存在根本上的缺陷。

意见箱的基本流程如下。员工向指定收集点提交意见。每个意见都经过了初步审查，然后转交给合适的经理、相关主题的专家或委员会进行评估。负责评估的人或委员会的建议，会转发给决策者，或是决策委员会。如果建议得到采纳，就交由其他人去实施。如果建议被拒绝，那么，提议人会收到一份漂亮的便条，上面做了这样那样的解释。电子意见箱无非是将提交、转交、跟踪和通知要素改成自动处理罢了。

以下列出了对意见箱流程的普遍投诉：

- 收到的创意太少，大多数还质量可疑。
- 官僚作风、行动迟缓，还对一些创意持有偏见，一味拒绝。

■ 所得结果，跟为运行系统投入的时间、麻烦和开销比起来往往并不值得。

认识到高绩效系统怎样运转之后，很容易看出意见箱系统为什么会存在这样的缺陷。

建议箱流程收集到的创意，大多是个人从有限的视角所提出来的，故此，其数量和质量都偏低。数量少的原因在于意见箱流程主要靠员工的自愿行为，并未整合到日常工作中，对管理层的跟进也几乎没有问责，基层员工没有主动采取行动的权力，流程仅限于收集解决之道，并不接受问题。意见的质量低是因为它们未经同事的审查，员工并未讨论潜在的问题、思考不同的可行解决方法。此外，意见箱流程无法让员工聚焦于组织的战略目标，大多数建议价值有限。

意见箱系统速度缓慢、官僚主义浓重，这是因为它评估创意的方式有问题。评估创意的任务，大多落在经理们的身上，而且，是他们完成日常工作后额外要做的事情，所以，它的优先级很低，反应也很慢。如果一个创意获得批准，执行它也是员工的额外工作（更何况员工本来就很忙）。

更重要的是，评估创意的地方，大多跟基层隔着一定的距离，通常是由一个对创意的背景并不了解、对潜在问题不觉得急迫、同时也没有太多空闲时间的人来完成。（我们甚至碰到过创意评估人员距现场千里之外的情况。）要想更自信地评估创意，这位远距离的评估员需要更多的信息和时间来熟悉相关情况。可由于时间的压力，再加上批准糟糕创意所牵涉的风险，拒绝一个创意比接受它要保险多了。毕竟，批准它意味着，一旦它失败，评估员就需要承担部分责任。拒绝它则意味着什么都不做，而这并不会让事情变得更糟糕。所有这一切，使人们倾向于拒绝。

简而言之，意见箱式流程是巨大的厄运循环。向意见箱提出建议，靠的是员工自觉自愿，这也就是说，员工提出创意是超越了工作职责的。流程设计不佳，意味着创意的质量往往不高，它们成了评估员的额外工作负担，评估员自己也觉得拒绝创意更加稳妥。故此，员工会失去兴趣，提出的创意越来越少。管理层发现收集到的优质创意不多，会认为是员工没有太多优质创意，于是减少了对系统的支持。于是，整个系统螺旋式地堕落，基本上（甚至彻底）被人遗忘。

很难想出一个比意见箱式流程更能遏制创意的看似合理的流程。从很多方面看，设立意见箱式流程比完全没有流程更糟糕。

关键点

✓ 高绩效创意流程有三种原型：

◆ 改善提案系统，这是第一代的高绩效流程，从本质上来说，它是一套经过高度精简的建议系统，缓解了其固有的处理问题，并依靠强大的改善文化增进动力。

◆ 创意会流程，人们在常规的团队或部门会议中提出"改进机会"并加以讨论，决定实施行动。

◆ 　创意板流程同样要定期召开创意会，只是使用一块大的可
视化白板来帮忙收集和处理创意。创意板高度可视化的性
质，有助于人们在日常生活中把创意放在首要位置去思
考，并造成了按时完成指定任务的社会压力。有了创意
板，更高级别的管理者和同事能立刻看到每支创意团队的
活跃度，以及它当前的改进项目。

✓ 从关注问题的角度对待创意。很多时候，发现问题的人并不是
解决问题的合适人选，就算提出了解决方法，回到潜在问题上
去探索不同的解决方案，也是很有好处的。

✓ 有时候，创意决策不能在基层做出，而需要上呈到更高级别。
上呈流程应该快速透明，清楚地定义各类创意怎样传送，并清
晰说明各层级的决策权力和跟进期待。

✓ 高绩效创意流程，跟传统的意见系统完全不同。尽管今天的意
见系统一般都采用了在线的形式，但其处理创意的方式，跟 19
世纪的意见箱完全相同。把整个流程自动化，并不会让它摆脱
先天的局限性。

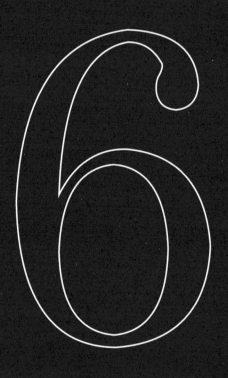

第6章 | 高绩效创意系统的实施

几年前，一家《财富》500强金融服务公司的副总裁找到我们，希望我们帮助她建立一套高绩效创意系统。她很着急，询问是否可以在两个月之内就启动试点，几个月后就开始推广系统。我们解释说，做当然做得到，但这要求成立一支强大的设计和实施团队，团队成员必须能在短时间内完成大量工作。不可避免地，这番努力要求她支持领导团队在组织层面上有所变革。她同意了，招募了团队，我们就开始工作。

在最初的培训课程中，设计团队成员逐渐理解了自己受邀要做的事情涉及什么样的规模和范围。遗憾的是，副总裁在听完第一个小时后缺席了所有的培训课，因此，她从未真正理解设计并启动新系统到底将牵涉些什么。她很快就想将发布日期提前，坚持不切实际的完成期限，并拒绝团队的建议和请求。我们跟设计团队最后一次开会的时候，团队成员大感沮丧，觉得副总裁背叛了他们。没过多久，团队领导就离开了公司，所有的努力不了了之。

这位副总裁犯的错误在于，她认为建立创意系统相对简单，只需要在现有组织结构上添加一道收集和评估流程。这是个很普遍的看法。遗憾的是，在组织和员工都未做好充分准备的条件下推出创意系统，往往会让计划走向失败。

本章将逐步指导高绩效创意系统的实施。过去 20 年里，不管是成功还是失败的尝试，我们都曾研究、观察和亲身参与过。本章的内容就建立在我们的这些经验基础之上。我们推荐的实施过程分为九步：

步骤一：确保领导团队对新的创意系统做出长期承诺。

步骤二：组建并培训设计和实施系统的团队。

步骤三：从创意管理的角度评估管理。

步骤四：设计创意系统。

步骤五：着手纠正失调。

步骤六：展开试点。

步骤七：评估试点结果，进行调整，准备正式推出。

步骤八：在整个组织范围内推广系统。

步骤九：继续改进系统。

每一步骤需要多长时间，取决于组织的规模和复杂程度，以及对此事的总体紧迫感。一家简单的小型组织，可以用不到六个月的时间组建并完全部署好一套系统，而一家大型全球性组织可能要用几年甚至更长时间，这取决于对该计划所投入的资源。

步骤一： 确保领导团队对新的创意系统做出长期承诺

如果领导团队将创意系统视为一项重要的能力建设举措，那么，领导团队的成员可能会付出更多的耐心和毅力，以战略性的方式，提供部署创意系统所需的长期领导力。

以阿尔法自然资源公司（Alpha Natural Resources，美国第二大煤矿企业）的高绩效创意系统为例。该创意系统为阿尔法公司带来了一种独特的能力，这种能力构成了该企业进行重大战略收购时的重要组成元素。

2010 年 4 月 5 日，梅西能源公司（Massey Energy Company）下属的"上游大分岔"（Upper Big Branch）煤矿发生爆炸，导致 29 名矿工死亡。这并不是梅西煤矿发生的第一起死亡事故。该公司是业内安全记录最差的企业之一，还与联邦矿山安全和健康管理局（Federal Mine Safety and Health Administration）频频发生冲突。这起矿难引发的强烈公众反应和随后的法律诉讼，让梅西公司的持续运营能力遭到了质疑。2011 年，与梅西规模相当的矿业公司阿尔法出手收购了前者。

尽管两家公司使用同类的设备和技术，但它们对待员工的方式截然不同。梅西非常专制，而阿尔法则注重倾听员工意见，收集员工创意。自 2002 年创办以来，阿尔法的指导原则就整合到了它所谓的"正确运行"理念下，重视基层矿工。"正确运行"创意系统始于对安全的关注，但经逐渐发展，也包括了关系到生产率和其他领域的一些基层创意。对待安全事务，阿尔法公司并未采用梅西公司那样由管理层下达指令的做法，而是让矿工发现安全问题，并构思解决办法。随着整套系统渐渐站稳脚跟，阿尔法公司注意到，煤矿里每名矿工提出的创意越多，它存在的安全问题就越少。

对于阿尔法的首席执行官凯文·克拉奇菲尔德（Kevin Crutchfield）和他的领导团队来说，安全地运营矿山是公司的基本价值观，对公司的长期成功至关重要。他们自己全都做过矿工，对采矿的天然危险有着最直接的了解。阿尔法公司所做的研究表明，88%的安全事故是由于矿工的不安全行为导致的，而不在于设备、技术或安全政策存在缺陷。阿尔法的领导层认为，要让矿工实践安全行为，最好的办法不是自上而下地发布命令，而是倾听矿工们对安全的考量，并迅速根据其创意采取行动。说到底，为糟糕的安全状况付出最大代价的是矿工自己。为了让整个创意系统成功运转起来，阿尔法的领导层从未怀疑过为此投入的时间、努力和资源。

阿尔法收购梅西能源公司后不久，就带着闯劲动手将"正确运行"创意系统和阿尔法的文化整合到此前梅西的每一家矿场。每一家矿场都停工一整天接受培训，确保矿工了解"正确运行"的理念，为什么这种理念对他们自己和公司都很重要，以及整个创意系统怎样运转。阿尔法公司领导团队派出一人参加每一家矿场的培训日，当众承诺公司将根据矿工的创意采取行动。矿工们看到阿尔法公司领导层为了开展培训宁可停工一天，也感受到了后者对此事的重视。很难想象他们从前的老板会停下生产开展培训，更不必说停工一整天开展培训了。

阿尔法公司领导者们初期采取的第二项举措，针对公司的 220 名高层管理人员（约有一半人来自梅西），召开"领导力峰会"。对原来是阿尔法公司的管理人员来说，峰会是了解"正确运行"理念对将来意味着什么的好机会；对前梅西能源的管理者来说，它是一堂全新管理方式的入门课。首席执行官克拉奇菲尔德一语中的地阐释了公司关注基层的重要意义：当公司所有的高层管理人员在参加峰会时，每一家矿场都继续正常运行着；但如果是矿工们在接受培训，所有的生产就得停下来。克拉奇菲尔德强调，对公司成功最关键的是基层员工，而非管理层。

企业的投入换来了回报。收购后不到五个月，从前属于梅西公司的大量矿场，在矿工人均创意数量上都达到或超过了阿尔法公司的平均数，安全绩效明显提高。领导团队随后又制定了五年计划，持续改进创意系统的绩效，使之得以继续发挥重大战略优势。（本书的一位作者在此过程中为该公司提供了建议。）

阿尔法公司能成功收购梅西，有赖于迅速补救梅西的安全问题，如果没有"正确运行"创意系统，阿尔法的领导团队未能迅速将它跟新收购的公司整合起来，事情会困难许多。

在斟酌是否要启动高绩效创意系统的时候，需要问的第一个问题是为什么。组织想要从这一行动中获得的关键战略能力是什么？在阿尔法的例子中，领导者知道矿场安全对公司的成功至关重要，并以此为基础建立了创意系统。从这一基础出发，它逐渐发展到能为公司带来额外的战略能力。

步骤二： 组建并培训设计和实施系统的团队

我们之前说过，高绩效创意系统必须从设计上就能够整合到组织现有的运作方式当中。步骤二是组建并培训一支团队，赋予它权力、可信度和集体知识来设计这样一个集成系统，以解决日后必然会出现的潜在重大组织问题，并引导系统在全组织范围内启动。

为理解其运作方式，让我们来看看中型保险公司"健康新英格兰"（Health New England，简称 HNE）怎样组建起一支七人团队，设计并监督创意系统的实施。团队的组成如下：

- 由公司德高望重的信息技术总监担任团队领导；
- 公司的法律总顾问和执行领导团队（ELT，Executive Leadership Team）的成员自愿充当执行负责人；
- 四名中层经理，分别来自运营、销售、市场和技术部门；
- 一名素以不断提出改进创意而闻名的基层员工。

请注意这一设计团队的人员构成。首先，它由一位受人尊敬的中高层管理者担任领导。其次，它包括一名执行领导团队的成员，以提供最高管理层的观点，帮助团队处理敏感问题，并在最高层级推广创意系统。团队的一些建议，或许需要修改公司层面的政策和实践，或要求获得公司层面的资源承诺。执行领导团队的成员能够从高管视角提出批判性的建议，比如，"最好是换一种方式来说"，或者"执行领导团队里有些人或许对这一点抱有疑问，原因是这样"。他还充当了这支团队和执行领导团队之间的沟通渠道。

　　再次，团队包括了一批中层管理人员，他们代表了对整个新系统成功至关重要的支持群体。最后，基层员工带来了其他成员所缺乏的视角。举个例子，在讨论员工应该花多少时间琢磨改进创意、时间具体怎样分配时，一名经理评论说，他认为主管会非常支持员工腾出时间来琢磨创意的做法。他如此推断的理由是，说到底，这些创意改善的是主管所在单位的绩效。但基层员工说："恕我直言，工作重心的情况跟你想的很不一样。为及时提供客户服务，主管们承受着很大的压力。就在今天，我的主管告诉我，我们有太多索赔要处理，她不愿意我参加这次的会议。我必须晚些时候把工作补上才行。我最担心的就是主管们并不支持这一系统。他们会认为，这妨碍了必须要完成的工作。"这一点引发了一连串的讨论：关于人员配置事宜，对主管提供更多培训和指导的必要性，以及让主管和经理对创意负责的重要性。团队还意识到，首席执行官彼得·斯特雷利（Peter Straley）必须跟主管进行有力的沟通，让后者知道创意的优先度很高，公司现在的政策是要为员工提供时间来琢磨创意。

　　组建好设计团队后，必须对其进行彻底的创意管理教育。团队成员需要对高绩效创意流程有深刻的理解，知道它是什么样子，怎样运作，怎样解决创建此系统时要面临的挑战。初始培训可能包括了专家讲授课程，阅读相关书籍，甚至拜访其他创意驱动型组织。"健康新英格兰"的团队先接受了为期一天的创意系统培训，接着阅读并学习了两本有关创意管理的书籍。

团队开始应用新知识后，就边做边学，先从创意的角度来评估本公司（见步骤三）。团队成员对一线员工、主管、中层和高层管理人员进行访谈，寻找有哪些妨碍创意流动的障碍需加以解决。在团队设计他们的系统并向全公司推广期间，也会继续"边做边学"。最后，设计团队的成员在创意管理方面获得了可观的专业知识，"健康新英格兰"也成功地实施了高绩效创意系统。

如果你为设计团队选择了合适的人手，并为其提供完成这一工作所需要的培训和时间，你便能为成功建立创意系统奠定好基础。

步骤三： 从创意管理的角度评估管理

评估有两个目的。首先，它必须识别出不利于实施创意系统的失调错位和潜在挑战。其次，它应努力寻找机会，将创意系统整合到组织现有的系统当中。评估一般涉及对基层工人、主管和经理做访谈，找出有什么东西可能妨碍创意的流动，又有什么东西对它有帮助。这里有一些典型的询问思路：

- 受访者过去是否曾参与过组织的创意或改进实施工作？如果参加过，他们一路上曾面临过什么样的挑战？得到过什么样的帮助？
- 对员工和主管来说，获得实施创意所需的资源和支持容易吗？
- 组织还有其他哪些自下而上的创意机制？如果有的话，它们的运转情况怎样？存在哪些问题？

■ 过去是否有过失败的创意举措？它们为什么失败？它们的失败对新举措产生了什么样的影响？

■ 怎样利用现有的实践和论坛（如年度评估、奖金、报告系统、时事通讯、CEO 电邮、企业视频、定期会议等）来支持创意举措？企业文化以及员工的评估和奖励方式，是否支持创新行为？这些领域需要什么样的改变？

■ 有哪些问题可能妨碍即将推出的创意系统获得成功？

评估发现的有些问题相对容易补救，比如适度增加预算，允许团队采购实施小型创意；重新安排支持部门的任务，为实施创意提供方便；修改政策，提高低级别员工的决策权。但评估几乎总是会挖掘出更根本的麻烦。例如，我们为一家《财富》500 强食品和饮料公司的国际部门做了评估，发现的问题如下（楷体字表示受访者相应的意见样本）：

■ 领导层过去的行为引发了严重的担忧，员工担心最高管理人员只支持创意举措，却并不提供创意所需的积极领导。

　□ 我最担心的是，最高管理层对这（套创意系统）只要些嘴皮子功夫，并未意识到它同样也需要他们付出努力。

　□ 要想成功，这一举措必须首先来自最高层，并由最高层领导。

- 最高管理层在做决策时过度依赖数字，造成了大量无价值可言的工作，还带来了一些糟糕的决策。

  - 有一款新产品明显很糟糕。营销团队所有的 30 名成员一致认为它是场灾难。然而，为了向最高管理层证明这一点，我们不得不花了几个月的时间和近 40 000 美元。

  - 创新在短期内会稀释利润，但如果你的季度业绩不达标，你就死定了。

  - 我们太关注成本和预算了，通常不做任何新的事情反而更容易。

- 这家公司没有创新的文化。所谓的"创新"，仅限于微不足道的产品线扩展和包装变化。

  - 这家公司扼杀了所有创新的萌芽。我们要做太多的分析，让人们跨越无数的障碍。

  - 我们需要为创新留出时间，不能让它只是个附属品。

  - 上面告诉我们，失败也没关系，可实际上才不是呢。

这些问题，并不出乎任何人的意外。但当设计团队把这些问题写成文档清单，提交给领导团队之后，就不能再对它们置之不理了。

为了让设计团队成员针对要面对的问题展开更深刻的对话，我们使用的策略之一是预先检视："假设我们坐进时光机，朝未来前进三年，你得知这次的创意举措失败了。那么，为什么会这样呢?"

这个问题往往会让一些本来可能遭到掩盖的"残酷事实"浮出水面。

评估的另一个目的是找出潜在的机会，把创意系统整合到现有管理系统当中；以及通过调整现有的管理系统，让它支持创意系统的需求。其实，这是在应用"最小干预"原则，也就是说，每当要在组织里做一件新的事情，最好是尽可能借助之前已经做过的事情，而不是创建一套全新的机制。现有的系统、政策和实践当中，包含了大量从前的知识。在它们的基础上展开建设，可以利用从前的知识，同时降低带来新问题的风险。此外，将必要的变化尽量融入现有的工作流程中，对员工来说效率更高，也更尊重员工。最小干预原则鼓励了这种整合，让员工更容易适应新系统，也减少了新系统要面临的阻力。

我们会用提问来识别这些最小干预的机会。下面是一些问题的例子：

- 创意会能否整合到部门例会当中？
- 对员工和管理人员而言，创意绩效能否纳入现有的考核流程？绩效、奖金和晋升流程又是怎样？
- 创意系统培训能否纳入新员工培训？创意激发培训模块（详见第 7 章）能否整合到组织现有的培训体系里？有没有哪个现有的培训模块可经过调整，变成创意激发模块？
- 能否借助现有的沟通论坛（如公司通讯或互联网门户）来支

持创意举措？

■ 创意系统能够为现有的改进和创新努力（如六西格玛、精益、创新中心或新产品开发）带去怎样的帮助？反过来说，现有的改进和创新努力可以怎样帮助创意系统？

创意系统越是完整地集成到现有实践和程序中，专门为它而创建的实践和流程就越少，创意系统也就越容易迅速成为公司运作的常规方式，它的执行效果也就越好。

等到评估步骤结束时，你并不能获得一份完整的清单，罗列出所有的失调和整合机会。然而，在动手之前，你应该已经确认了需要加以纠正的重大失调，以及部分能让创意系统更容易部署、更容易得到组织接受的整合机会。我们在前面已经讨论过，消除失调是一个持续的过程，它永远不会结束。发现和创造新的整合机会也是一样。

步骤四：设计创意系统

美国诗人奥利弗·温德尔·霍姆斯（Oliver Wendell Holmes）曾说过：

我不追求复杂性表面上的简单，但是我愿意将生活献给复杂性深层下的简单。

　　许多设计团队开始工作时都认为事情很简单——他们要做的无非是建立一套从基层员工处收集创意的流程。但等到培训和评估结束的时候，几乎每一支设计团队都为此事的复杂性感到不知所措，因为他们要建立的是一套全新的重大管理系统，而且这一系统的影响将贯穿整个组织。团队的目标（有可能极具挑战性）是想出一套简单的系统，能成功地解决所有复杂之处。这套系统必须要简单，以便高效处理大量的创意。

　　为了推动设计团队构建出简单的系统，哪怕是在大型组织里，我们也喜欢请他们提交一份不超过 5 页的文档来勾勒整套系统。为此，团队成员将不得不解决有关新系统的机制、怎样管理和领导它的大量问题，例如：

■　谁将负责监督这套系统？

■　创意流程的机制是怎样的？也即：

　　□　怎样在基层收集、处理和实施创意？

　　□　实施各类创意，分别要求哪一级别的权威？

　　□　各级别可运用多少预算和资源？

　　□　上呈流程是什么样的？

　　□　这一流程怎样跟其他解决问题和改进机制相整合？

　　□　怎样复制优秀的创意？

■　用什么样的指标来衡量创意的绩效，管理者和员工怎样为创意负责？

- 公司会对员工和（或）管理者进行表彰吗？如果会，是怎样做的？

- 在创意系统中，中层和高层管理人员扮演什么样的角色？他们支持创意的全新"领导标准工作"（在第 2 章做过讨论）是什么？

- 员工、主管、经理和领导团队将接受哪些初始培训？还要接受哪些持续培训？

- 怎样评估和改进创意系统本身的绩效？

步骤五： 着手纠正失调

在推出创意系统之前，完美地校准组织既没有可能做到，也不需要做到。我们在第 3 章和第 4 章已经讨论过，校准过程要花时间，维护和改进它是一个需要持续不断努力的过程。

一些失调的真实性质和全部后果，只有在系统推出之后才能清晰展现出来。另一些失调从一开始就很清楚，但出于实践、人事纷争等原因，又或者是因为需要更多时间才能充分纠正，故此需要稍后再做处理。推出之前最重要的一点是，消除一切会严重妨碍基层创意得以实施的失调。

举个例子，前文介绍过一家大型全国性零售商，其基层主管和经理会把哪怕是最小的决定都提交给上级。高级主管向我们抱怨说，需要自己批准的低层级决策多得过分了。有一次，购买一只白板马克笔的直白请求，竟然一路上呈了四个管理级别，落到了采购部门副总裁的办公桌上。这种荒唐的决策权力失调必须在创意系统推出前得到纠正，要不然，哪怕是最明显的微小改进也会让人痛苦无比。公司大幅增加了主管的支出权限，每个部门都得到了一笔适度的预算，用于购买微小改进所需的用品。

但还有一个相关的、更为微妙的失调，需要用更加圆滑的方式来处理。领导团队的几名成员认为，虽然公司应该朝着更加重视赋权的文化前进，但倘若操之过急，就有失审慎了。因此，领导层采取了循序渐进的做法。一开始，创意系统主要关注的是部门层面的小型创意。跨职能部门的创意，将由相关经理利用现有或非正式渠道自行处理。希望加快速度的副总裁可以鼓励自己手下的经理在更大或更多跨职能的问题上发挥更多主动性，但想要走得更稳妥的副总裁也能采取同样的制衡举措。

步骤六：　展开试点

试点是在创意系统推广到整个组织之前，对它进行的小规模现场检验。对规模较大的组织来说，这一般涉及在小范围的若干部门或团队（多为 3 到 5 个）中运行创意系统。在小型组织中，比如员工少于 40 人的组织，试点可以让所有人都参与，只是规定实验和学习的时间期限，之后再考虑"正式"推出创意系统。

我们不时会遇到缺乏耐心的领导者，他们坚持不先试点就推出创意系统。虽然省略或跳过试点好像能让创意系统更快启动，但这么做，其实反而会极大地拖慢后期进度。等到系统大范围部署，未被发现的问题将变得越来越有破坏性，越来越难以纠正。同时，提升系统绩效、提高它在整个组织里接受度的机会，也随之流失。

举个例子，几年前，美国一座军事基地的领导层获命大幅削减预算。因为迫切想要节省成本，同时满足日益苛刻的服役要求，基地领导层直接推出了创意系统，未经有意义的试点检验。九个月后，只有 25％的创意团队运作良好。导致开局失误的主要原因是，为主管提供的培训仅限于规定观看 15 分钟的说明视频。视频的初衷当然是好的，但它的制作还是太过仓促。它毫无启发作用，对整个流程的描述实际上也不够准确，还包含了大量糟糕的建议。结果，100 多名基层管理者开了几个月让人痛苦的创意会，效率低下，基地上下对创意系统都牢骚满腹。倘若试点步骤得到妥善执行，应该能发现存在问题的培训环节并对其加以补救，而不至于让它引发更大的问题，让领导团队投入更多的时间和精力进行纠正。事实上，这套系统挣扎了几乎两年，才获得真正的发展动力。

试点应该做到以下几点：

■ 对创意系统提供小规模的现场检验，找到能让它变得更好的机会。

■ 收集系统具备价值的证据，为它争取更多的支持。

■ 培养一批在管理创意方面有经验的教练和支持者，为新系统推广到整个组织时提供支持。

■ 通过实验，打消公司上下对新举措的犹疑，并让他们对其产生期待感。

现场检验。推出创意系统，会在组织里带来许多变化，而人们事前无法预料到这些变化的所有后果。试点提供了发现问题的机会，在它造成严重破坏之前加以纠正。试点期间，人们可以很方便地指出问题，又不会显得像是在发牢骚。既然是"试点"，自然带着允许尝试的意味，人们甚至可以对最初设计进行实质性修改，而不承受信誉损失、不会感到尴尬。在这一过程中，试点成了安全地带。

就算在评估（步骤三）中发现了重大问题，有时，决策者仍然需要更多的证据才愿意加以解决。例如，在一家大型欧洲保险公司，评估预测，信息技术支持有限，将成为员工创意的瓶颈，但管理层不愿意在试点展开之前投入更多的信息技术资源。然而，经过试点，首席执行官和首席信息官看到了收集所得的创意清单，以及每周拖延创意实施所带来的机会成本预估，便立刻重新分配了一支小型团队来支持创意系统。

培训方面的问题、跟其他系统和流程对接方面的问题、资源分配和行为方面的问题，会在试点阶段反复出现。但因为它们往往视具体的情况而定，往往很难得到理解或解决，除非创意开始涌现，人们弄清楚了问题的确切性质。

价值证据。为创意系统的价值构建早期证据，始终是有益的。几乎所有的组织都有一些管理者，从前对意见箱类系统（或其他构思拙劣的创意举措）有过糟糕的体验，故此他们自然对新创意系统价值的意见有所保留。针对这些保留意见，我们偏爱的方法是向这些管理者提供一份试点期间实施的基层创意清单（如在前面提到的保险公司，我们就是这么做的）。这样的清单还有助于减少员工的担忧或疑虑，因为它表明，涌现出来的创意不仅不会带来威胁，反而很有帮助。

培养教练和支持者骨干队伍。前文提及的斯普林菲尔德技术社区学院试点结束时，三支试点团队的负责主管，都能非常娴熟地管理创意了。事实证明，这些专家骨干的意见非常宝贵。随着创意系统在整个学院内推广，这三人志愿参加了新片区的启动会议，提供培训，并邀请这些新区域的主管到自己的会上旁听。比方说，他们帮忙解决的一个问题是这样：一些刚晋升的主管仍在摸索自己所扮演的角色，而他们手下员工提出的创意，又经常让他们对自己的职权感到不太确定。他们必须接受自己团队投票通过的所有创意吗，哪怕有些创意他们自己并不认同？如果下属需要新的信息或帮助，那么，在直接主管不在场的情况下，他们去找别的主管帮忙合适吗？如果团队想要推进一个创意，而主管有些与创意可行性相关的敏感信息不能分享，那会怎么样呢？骨干队伍里的这些主管，有些自己也曾碰到过这类问题，故此，他们有正当性也有经验来帮助新主管寻找解决之道。

　　打消不确定性，营造期待感。组织宣布要启动创意系统的时候，一般而言，所有人都会产生许多的问题和担忧："它对我的工作会有什么样的影响？""这要花多少时间？我到哪儿去找时间？""我怎么可能想得出他们期待的那些创意呀？""这样的努力真的值得吗？"

　　成功的试点会解答这些问题，揭示出基层创意的好处，把这些担忧转变为积极的期待。在步骤五中提到的全国性零售商那里，其他部门的员工看到试点地区的同事用上了新的创意系统，获得了支出权限，消除了长期以来折磨人的烦恼，他们就开始缠着经理，问自己什么时候也能动手解决问题。

　　为试点做好组织工作

　　为了实现其目的，试点必须在技术和变革管理两方面都取得成功。也就说，它必须验证创意系统的设计基本可行，同时，它还必须展示该系统的优点。如果设计团队的工作做得好，那么，技术上的成功应该一目了然。因此，系统价值的展现就成了最重要的考量。

　　试点的关键设计问题如下：

■　应该选择哪些区域来进行试点？

■　试点区域的主管和员工应该接受什么样的培训、得到什么样的支持？

■ 试点将进行多长时间？

选择试点区域的关键考量之一是管理者的领导技巧和对此举措的主动程度。试点区域获得成功，唯一最重要的因素就是管理者的素质。管理者难以相处，团队麻烦重重，后勤存在问题，这些都可能为创意流程的启动增添挑战，不适合展开试点工作。等组织在创意管理上积累了经验，再去应付棘手区域也不迟。

一旦选定试点区域，相关的管理人员就需要接受培训，获得充分的支持和指导。我们在第 2 章中介绍的认证计划就是一个说明相关内容的很好例子。

试点时间一般为三到四个月。人们需要足够的时间来了解自己要扮演的新角色，需要处理足够的创意让系统得到现实的"压力"检验，此外，还需要足够多的创意获得实施，展示系统的价值。

试点还在进行期间就纠正错误

一定不要等到试点结束之后再回顾绩效，进行更改。越早发现问题并采取行动，试点的结果就会越好。

快速识别问题的窍门是及时获取有用的信息。设计团队的成员和管理者应观察创意会，跟试点区域的员工开展互动。要鼓励试点区域的人，一旦觉察与系统相关的问题，就"大声喊出来"。此外，试点区域的主管应定期跟设计团队会面，讨论问题和关注事宜。

从这些互动中所得到的见解，将帮助设计团队理解系统收集定量数据背后的动力。这类数据一般包括每一区域所实施的创意数量，上呈的创意分别提交给了什么人，有多少得到了及时的回复。为提供近乎实时的数据，一些组织构建了高度可视化的"仪表盘"——它们大多采用基于网络的程序，从记录并管理创意的数据库中直接提取数据。有了"仪表盘"，管理者可轻松地监控创意的流动，分析模式，快速识别问题。总之，定性和定量数据为设计团队提供了创意系统的整体视图，让他们能够快速标记出需要帮助的区域。

　　例如，我们之前讨论过的全国大型零售连锁店进行了为期三个月的试点，鼓励试点区域的主管遇到问题或瓶颈时进行投诉，提出系统改进建议。为让这一流程尽量简便，每个星期，试点区域的主管和经理都会跟创意团队的成员碰头，谈谈系统是否存在改进的机会。此外，创意设计团队每个月会召开一轮长达一小时的会议，让所有试点区域的主管及其经理一同分享经验，讨论策略和问题，交流解决办法。第一次会议上，几个问题浮出水面，迅速得到了解决：

■　主管们报告说，在采购环节，哪怕是开销最小的采购也成了瓶颈。人力资源副总裁，同时也是创意系统的执行负责人，跟采购负责人见了面，后者答应为基层创意建立快速采购流程，并配备一名精力充沛的采购中介，尽其所能地指导和帮助试点部门。

■ 很明显，主管们的创意引导技能很薄弱。一个星期内，组织就制定了培训/辅导计划，有针对性地提供给每一位主管。

■ 随着试点的推进，基层团队对预算的管理比管理层预期的更为负责，故此，其支出上限从每个创意 25 美元提高到了 250 美元。

我们在前面提到过，"试点"状态其实就是暂停正常运营规则，趁着试点仍在展开，对创意系统和管理系统作出改变的"许可证"。随着人们掌握了越来越多某一政策或程序妨碍创意的证据，最高管理人员往往愿意在试点期间暂时停止该政策或程序，又或者允许临时的变通。这类调整的风险一般比较低，因为它们会随着试点的结束而自动终止。但如果事实证明它们确实有效，要想提出永久性改变的理由也会容易得多。

步骤七：评估试点结果，进行调整，准备正式推出

试点完成之后，应展开全面的回顾性审查，以求：

■ 确定创意处理流程中的所有问题，包括那些导致组织管理系统失调的问题。

■ 判断关键区域是否需要额外资源。

■ 收集"学到的教训"，这将有助于整个组织范围内的推广。

　　在回顾性审查中发现的许多问题，如培训不足、创意流程的机制存在故障，可由设计团队解决。但有些问题需要高层管理人员的参与。其中两个比较常见的问题是：（1）上呈流程里的棘手之处；（2）决策过程繁琐、不当或存在缺陷。

　　极少有组织事先就建立起了能恰当处理基层上呈创意的系统。除非管理者们亲身体验过其中的挑战，否则，他们很难理解上呈流程应该怎样运转。回想一下，创意上呈有三个原因：（1）它们需要上级的批准；（2）它们所需运用的资源，超过了基层团队的能力；（3）它们是跨职能的，也就是说，它们需要组织不同领域的参与。出于前两个原因上呈的创意，大多可以通过现有的指挥链来处理。但来自基层的跨职能创意，就是另外一种完全不同的情况了。

　　虽然几乎所有的组织都有过处理跨职能创意的经验，但这种经验，大多针对的是从组织高层往下推行的设想。它们一般要解决的是更大的问题，可通过定期召开的管理会议、特别项目团队、管理者之间的私人互动等方式来处理。而要处理数量繁多、自下而上、主要针对管理者根本看不到的小问题的基层跨职能创意，这样的方法显然不具备现实性。这类创意需要的是精简的机制，能够快速有效地处理它们。由于上呈流程将定义高层管理者与基层创意的互动形式，故此，高层管理人员必须直接参与它的设计。

　　第二个需要高级管理人员注意的常见问题是，决策过程过于繁琐、不当或存在缺陷，无法处理大量自下而上的创意。基层提出的改进建议，可能需要太多的批准，也可能需要来自过高级别的批准，甚或需要来自根本不对口的人的批准。把这些决策问题逐一梳理清楚，或许会引发一些权力纷争，但在概念上，它们纠正起来是很简单的。

另一个解决起来更为棘手的决策问题是：管理层太过强调数字，哪怕是最一目了然的创意都要求提交详尽的成本效益分析。我们在第 2 章中讨论过，在大多数情况下，由于其固有的不准确性，成本效益分析是一种糟糕的决策工具。此外，坚持把成本效益分析作为默认的决策工具，只会为基层员工增加大量的非增值工作。由于这种制度观念通常来自高层，故此通常也需要由高层加以改变。比较好的着手方法是用强有力的证据向高层管理者展示，太过强调成本效益分析妨碍了有利可图的创意，其实反而会浪费钱。

例如，在一家金融服务公司的评估阶段，很多人都提醒我们，领导层对数字的短视关注阻碍了创意的流动。例如，一位负责应收账款的秘书告诉我们，公司在发票上打印了错误的邮寄地址，每个星期有数百张支票都送到了跟本该送去的大城市离着 20 多英里远的错误办公室。但她没法改正这个错误，除非她完成彻底的成本效益分析，证明节约下来的钱超过了纠正费用。因为不知道怎么做，她打消了这个念头。到了新系统的试点阶段，她再次把此事提出来，因为这时候，针对显而易见的低成本改进创意，可暂停执行成本效益分析规定。信息技术部门只用了几分钟就纠正了这个问题。为了让低成本改进创意再也不必执行成本效益分析规定，创意系统设计团队回过头去收集证据，计算出由于支票延迟存入，致使公司每年损失了数万美元的利息。

在试点过程中，公司对成本效益分析的重视，明显给大量的优秀创意造成了巨大的妨碍，所以，除了涉及大笔支出的少数情况，这项规定被彻底取消。

试点后审查的第二个目标是，判断创意系统在整个组织范围内推出，还需要哪些额外的后勤支持资源。我们在第 4 章中讨论过，提前收集这些信息是很难的。但从试点中获得的经验，能很好地说明哪里还需要更多的后勤支持。

试点后审查的第三个目标是，找到尽量让组织内全面启动变得顺利的办法。例如，在本章中提到的美国军事基地，短期试点过程中有人担心，中层管理者（其中一部分是中级军官）没有参加足够多的创意会，也没有为自己手下的主管提供足够的指导。中层管理者听说这些意见之后，要求在如下方面得到帮助：在评估一支团队时到底期待他们怎么做？他们对自己看到的情况应该给予怎样的回应？最终，基地方面拟定了一份具体的期待行为清单，并附有相应的指导和建议。

步骤八：　在整个组织范围内推广系统

创意系统启动的速度和性质取决于组织的规模、结构、文化、资源，以及领导团队的紧迫感。如果组织很小，那么让大家一起接受培训、一次性地推出整个系统是很合理的。但哪怕是在中等规模的组织，逐步地推出系统也有可观的优势。首先是资源。每个部门在系统启动阶段都需要支持资源。经理、主管和员工，都需要接受培训和指导。很少有组织拥有同时为每一个人提供支持、培训和指导的资源。调整推进速度，让它跟可用资源相配合，还能减少启动压力，信息技术、维修、采购、工程等后勤支持部门也可逐步适应自己新增加的职责，为基层创意提供更好的帮助。此外，分阶段推进还能让高层管理人员有更多时间，参与每个领域的启动过程。

逐步推出的第二点好处是，每个部门的启动都能从之前启动的部门汲取经验。将系统推广到有着特殊挑战的部门时，掌握深厚专业知识的管理者越多，能得到的帮助就越大——这也是把此类部门的推进日程放在后面更合适的原因之一。

分批推进的最后一点好处是，对抵触情绪大的经理所负责的部门，可以放在最靠后的阶段。这时候，他们应该已经目睹了系统在整个组织的成功，并且从同事那里听说了基层创意对自己达成目标有着怎样的帮助。创意系统积累了势头，好处又显而易见，再拒不接受不免显得愚蠢。

培训

为了成功推出创意系统，企业的各个层级都需要大量培训。管理者需要理解新创意系统背后的理念，他们自己在其中扮演什么样的角色，以及怎样借助基层创意帮助自己实现团队目标。大部分的概念性知识可以通过在推出前举办研讨会的方式来传授，但实际的创意管理技能，只能通过实践和指导加以打磨。而展开实践、提供指导最合适的地方，就是管理者们在自己所负责的领域内，在自己的团队当中用实际的创意加以检验。

许多领导者都容易犯的一种错误是，让未经太多训练的主管直接承担新职责。在创意驱动型组织中，主管的工作从确保工作完成，转变为确保工作完成的方式不断得到改进。主管需要培训、实践和指导，以掌握这一新心态和新角色所需要的技能，培养起与从前不同的态度。

在初始阶段，基层员工需要参加短期培训，理解怎样参与创意管理流程，但这只是个开始。他们的大部分培训，将在日后的工作中持续推进，其主要目的是让他们能够识别出从前视而不见的问题。这也将是下一章的重点内容。

步骤九：　继续改进系统

创意系统不是"做完就忘掉"式的举措。就连成熟的创意驱动型组织也在不断寻找方法改进创意管理。例如：

■ 2010 年，安联保险公司斯洛伐克分公司（2009 年，在集团全球 120 家保险公司中，该分公司赢得了最具创新力"运营实体"奖）将其创意系统扩展到斯洛伐克全国境内的 200 多家独立代理商。现在，如果代理有创意或希望报告问题，只要按下计算机上的一个功能键即可打开提交窗口。

■ 汽车安全系统公司奥托立夫犹他集团（The Utah group of

Autoliv) 多年来一直是全世界创意驱动型组织的标杆之一，平均每人每年实施 50 多个创意。过去几年，它的管理人员采取了大量举措，对影响力强的创意给予更多的重视。其中之一是架设起了一堵"自动化英雄墙"。这里的"自动化"是一种精益理念，也即一发现问题或缺陷就立刻停下工作并指出。哪怕是最小的问题，如果未能及早发现和纠正，以后也会带来高昂的代价。每当工人标记出一个有可能最终导致更大问题的问题，英雄墙上便贴出这名员工的照片，并解释此人行为的重要意义。

■ 印第安纳州热电偶制造商派洛梅森发现，每支团队的大部分创意都只有一两个人实施，于是它重新设计了创意流程，让每个人无法同时处理两个以上的创意，且每个人至少会分配到一个创意。

不管创意系统最初设计得多么仔细，人人都应该明白：这一系统需要不断的演变和改进。为持续改进而设计的系统本身就应该是持续改进的。

关键点

我们建议，实施创意系统的流程需包括以下九个步骤：

步骤一：确保领导团队懂得，高绩效创意系统是一项旨在造就重大战略能力的长期举措。这样一来，领导团队的成员就会付出更多的耐心和毅力，以战略性的方式，提供部署创意系统所需的长期领导力。

　　步骤二：组建并培训设计和实施系统的团队。这支团队需要具备权力、可信度和集体知识，来设计出一套能与组织现有运作方式很好地整合的系统，解决日后必然会出现的潜在重大组织问题，并引导系统在全组织范围内启动。

　　步骤三：从创意管理的角度评估管理。它必须识别出不利于实施创意系统的失调和潜在挑战，以及所有创意系统可构建于其上，或可整合到创意系统当中的现有系统。

　　步骤四：设计创意系统。创意系统越是完整地集成到现有实践和程序中，专门为它而创建的实践和流程就越少，创意系统也就越容易迅速成为公司运作的常规方式，它的执行效果也就越好。

　　步骤五：着手纠正失调。系统推出之前，必须消除一切会严重妨碍基层创意得以实施的失调，让基层团队能实施自己的大部分创意，无须过度逞英雄。

　　步骤六：展开试点。如果没有一个好的试点，许多本来及早发现就能够轻松纠正的问题，会随着系统的大范围部署，变得越来越有破坏性，越来越难以对付。

　　步骤七：评估试点结果，进行调整，准备推出。

　　步骤八：在整个组织范围内推广系统。创意系统启动的速度和性质取决于组织的规模、结构、文化、资源，以及领导团队的紧迫感。在大部分情况下，分批次推出效果会更好。

步骤九：继续改进系统。创意系统不是"做完就忘掉"式的举措。就连成熟的创意驱动型组织也在不断寻找方法改进创意管理。为持续改进而设计的系统本身就应该是持续改进的。

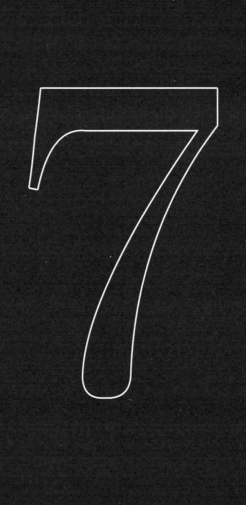

第 7 章 | 获得更多更好创意的方法

　　创意系统推出之后，缺少创意的情况是很少见的。基层员工早就意识到许多问题和机会，只是之前从来没有一种简单的方法能加以纠正。例如，以下是 Big Y 连锁超市早期的一些创意：

- **(烘焙制品)** *顾客经常问我们卖不卖制作蒜蓉面包时要用到的蒜蓉黄油。我建议我们用 8 盎司一袋的形式销售蒜蓉黄油。*
- **(收银台)** *在触屏收银机上，计算订单总价的"结账"按键跟"清除"按键靠得太近了。我们常常不小心按到"清除"键，把最后一件销售物品给删掉。让信息技术部把这两个按键改得远一点。*
- **(生产部)** *如今，门店会拨打一个特殊的电话号码，在答录机上留言，报告货品多送或少送的情况，以便次日送货时更正。既然这个号码并不是真正的人在应答，为什么电话答录机要响 9 声之后才能接电话？每家门店的员工每天都会白白地等待 30 秒钟。*

- （**熟食柜**）为什么熟食柜台键入一份比萨要敲击 9 次键盘？请修复。

- （**肉类柜**）在服务台和我们切肉的后屋的隔墙上安装一块镜子，这样我们就用不着每隔 3 分钟就放下手里的活儿，走出来看有没有顾客在等着了。

- （**食品杂货**）我们现在会出售各种口味的未冷冻的冰棒，人们可以买回家给孩子们冻起来。夏天的时候，为什么不放些在冰箱里，方便顾客临时起兴购买呢？

这些都是得到迅速实施的优秀创意。但请注意，它们也是对那些增加了员工工作难度的问题所做出的常识性回应，或是对客户反复提出请求的直接回应。这样的创意，往往会让创意流程获得良好的开端。可一旦显而易见的问题得到解决，提出创意的速度一般会大幅放慢。补救办法是提供持续的培训和教育，帮助基层员工不断提出新类型的创意。本章简要介绍了一种简单易用的"街头智慧"技巧，让创意源源不断地涌现。

发现问题

最基本形式的创造力，可以分为两个部分：发现问题和解决问题。放眼历史，大多数组织都专注于解决问题。这太自然不过了，因为光是跟进日常工作过程中接二连三冒出来的问题，大多数组织就已经很吃力了。干吗还要去寻找更多的问题呢？围绕问题的解决，已经建立起了一个巨大的产业，要想在这方面获得帮助，有大量的书籍、工具和培训项目可供借鉴。

优秀的创意系统可以大幅提升组织解决问题的能力，也就是说，它解决明显问题的速度比出现问题的速度要快。而为了持续改进，它还必须在发现问题方面做得更好。这方面的努力包括两个组成部分：（1）培养员工发现问题的技能；（2）创建组织机制，让更多问题浮出水面。

发现问题，关键在于视角。故此，提高员工发现问题的能力，又快又简单的方法就是让他们接触到怎样改进组织的新鲜视角。这些不同的视角，能让他们看到原本看不出来的问题和机会。实现这一目的的两种方法是创意激活和创意发掘。

创意激活

创意激活指的是短期培训或教育模块，教给人们新技术，或让他们提供相关工作的新视角，激发更多的创意。根据所传授信息的性质，这些模块可以是 10 分钟的演讲，也可以是长达数小时的正式课堂培训。为了解创意激活怎样运作，让我们看看斯巴鲁印第安纳汽车公司怎样使用一系列精心定位的激活方式，以达成我们在第 3 章中简要介绍过的远大目标。

2002 年，斯巴鲁印第安纳汽车公司的日本母公司富士重工（Fuji Heavy Industries）制定了到 2006 年实现"零垃圾填埋"的目标。斯巴鲁印第安纳汽车公司的领导团队知道，为经济有效地实现这一目标，必须动员基层员工参与。基层员工是最直接接触工业废料（如包装、用过的溶剂、废钢等，它们达到预期目的后就变成垃圾了）的人。

　　然而，领导团队同样知道，光是询问员工有什么样的"环保"创意还不够。怎样减少一家组织的环境影响，大多数人对此的认识相当有限。例如，人人都知道回收利用，但大多数的回收利用对环境的好处非常有限，而且通常并没有成本效益优势。于是，斯巴鲁印第安纳汽车公司着手通过创意激活方法，提高人们发现环保改进机会的能力。激活课程将向员工介绍一些简单的概念，公司认为这些概念能激发出大量减少填埋垃圾的小创意。

　　三个 R。斯巴鲁印第安纳汽车公司从对"三个 R"的简短介绍开始：这三个 R 分别是减少（Reduce）、重复利用（Reuse）和"回收"（Recycle），它是通常所称的"废物管理优先级"（waste management hierarchy，见图 7.1）的核心组成部分。从底部开始，这一优先级按照环境效益递增的顺序对各种环境行为排序：

■ 燃烧材料作为能源，比把它们直接送到垃圾填埋场要好。

■ 回收利用比燃烧好。

■ 重复利用材料比回收好。

■ 减少用量比重复利用好。

■ 消除对材料的需求比减少用量好。

图 7.1　废物管理优先级

　　对公司的目的而言，三个 R 框架是一种很好的初始创意激活方式，因为它容易被记住，并让人们思考除了单纯回收之外的创意。通过教育，员工们会尽量在更高的层级上完成处理废料的工作，因为这样既能带来更大的环境效益，又能节省更多的成本。

　　例如，有一组创意旨在将发动机组件的包装从回收改为重复使用。这些部件来自一家日本供应商，装在大型船运集装箱里，紧紧地裹在特制的保护泡沫塑料块里。以前，员工拆开这些部件时，会把大量的泡沫塑料放进回收箱。回收泡沫塑料很费钱，因为它的低密度增加了处理和运输成本，而且处理起来很麻烦，需要比其他的高分子聚合物使用更多能源。但经过"三个 R"培训后，一支员工团队开始思考能不能重复使用包装。既然空的船运集装箱要返回供应商处，为什么不能重新装载用过的聚苯乙烯泡沫塑料，以便供应商将来发货时再次使用？

在分析了这种做法的可行性和成本后，团队发现这个想法实际上是有利可图的，很快，其他把包装材料退给供应商以便重复使用的创意也冒了出来。最终，人们发现大约有 80 种不同的塑料盖、金属夹、纸板垫片和其他各种包装材料可运回日本，每年可节省 300 多万美元。等泡沫塑料包装材料不再适合重复使用时，日本供应商会将其熔解，利用聚合物重新制造新的包装材料。

还有一些创意，其中一部分极为简单，减少了公司的材料使用量。例如，有一种方法是将零件装在无顶盖的箱子里配送。由于零件是放在包装托盘里的，并不需要顶盖。这个创意不仅节省了纸板，还意味着工人们不再需要用切割机来打开纸箱——因此，安全性和生产率都得到了提高。

垃圾翻检。如果没有东西要扔掉，那么，垃圾箱里的所有的东西都必须加以清除——回收、重复利用，或者一开始就不曾产生。就连垃圾箱本身也没有存在的必要。为此，斯巴鲁印第安纳汽车公司开发了另一种名为"垃圾翻检"的创意激活方式。垃圾翻检团队将自己区域的垃圾箱倒空，把里面的东西摊在地上，按来源和类型进行筛选分类。接着，团队运用"三个 R"来构思创意，处理每种类型的垃圾。

这一策略的效力，通过一口位于机器焊工（用来装配汽车车身）附近的垃圾箱得到了体现。翻检团队很快意识到，垃圾箱里的

"垃圾"其实是焊接过程中产生的火花残留物。这些火花是焊接熔渣小颗粒，其中包括大电流流经铜焊接头（以熔合钢材）所喷出的氧化铜。如果我们的目标是零垃圾填埋，那么，就不能再把这些焊渣送到垃圾填埋场了。经过一番搜寻，斯巴鲁印第安纳汽车公司在西班牙找到了一家可以处理焊渣回收铜的公司。

虽然处理焊渣可以避免垃圾填埋，但把它运往西班牙的成本却很高（而且远洋船运还增加了该公司的碳足迹）。故此，斯巴鲁印第安纳汽车公司着手减少焊接过程所产生的火花。因为火花是由铜焊接头与钢之间的电弧带来的，所以焊接头与钢之间贴合得越好，产生的火花就越少。形状合适的新焊接头几乎不会产生火花。但随着不停地使用，炽热的铜焊接头会软化变形，贴合度降低，从而产生了更多火花。由于铜焊接头刚开始变形时就更换焊头太昂贵、破坏性也太强，标准的做法是每隔两个小时就增加焊机电流，以确保焊接良好。额外的能量产生更多的火花和热量，使得焊头越发变形，由此又需要更强的电流，如此恶性循环。经过团队的改进，焊头变形时不再加大电流，而是使用安装在每台焊机上的一种特殊设备迅速将之加工回最优形状。这样一来，火花变少，电力消耗降低，焊接头消耗量下降 73%。

压缩空气。斯巴鲁印第安纳汽车公司耗电量最大的是空气压缩机。压缩空气广泛应用于工厂里的各种制造过程。为了减少压缩空气的消耗，公司开发了一种创意激活方式，向员工展示制造压缩空气的高昂环境成本和财务成本，并就怎样识别减少压缩空气使用机会一事，向他们提供了许多明智的建议。这些信息在整个工厂引发了数以千计的创意，如堵住泄气口、更换泄漏气动设备的 O 形环，改进气动工具和气瓶的保养制度，为无需随时使用压缩空气的区域安装截止阀。这里还有一些创意更强的想法：

■ 将工厂的压缩空气水平从 92 磅/平方英寸（ psi ）降至 87 磅/平方英寸，因为最后几 psi 的产生需要巨大的能量，而且也不是必需的，特别是对于维护得较好的气动设备。

■ 在杆子上安装一台灵敏的声音测量仪，在设备并未运作或安静时监听靠近天花板处的压缩空气管道接头，观察人听不到的少量气体泄漏。

■ 用一条空气管道将工厂两个采用独立压缩空气系统的区域连接起来，如果整体需求足够低，两个区域便可共用一台压缩机。斯巴鲁印第安纳汽车公司甚至将四台大型空气压缩机中的两台停用了。

回收和降级回收。另一次创意激活活动教的是回收和降级回收之间的区别。如果回收方法降低了材料的价值或质量，就可称为降级回收。例如，对大多数塑料的回收，各种不同类型和颜色的塑料融化成一种不定形的混合聚合物，只有低价值用途，如停车缓冲杠和塑料板。大多数的"回收"实际上是降级回收。降级回收会将材料降级，而真正的回收则可保持其原有的物理特性和质量。

具备了这一新知识后，员工们提出了数百个创意来改变流程，只要有可能就避免降级回收。例如，很多创意都涉及让不同部件的供应商使用标准等级无色塑料包装，这样，不同的部件就可以一起回收，而不会降低聚合物的价值。

斯巴鲁印第安纳汽车公司的绿色创意激活机制让基层员工想出了大量创意，而不需要停工来进行昂贵的正式培训。大多数激活方法都十分简短，可以在轮班前的团队定期小会上传达给工作团队。最终，到 2004 年 5 月，斯巴鲁印第安纳汽车公司把最后一批废料运到了垃圾填埋场，比预定截止日期提前了两年，还为公司节省了数百万美元的年度运营成本。

和在斯巴鲁印第安纳汽车公司一样，你需要构建的创意激活培训课程的具体顺序，取决于你的组织及其战略目标。一些激活方法可能是已经广泛用于识别和解决常见问题的通用改进工具。举例来说，许多精益工具——比如 5S（良好的内务）、防错法（poka-yoke）、流程图和价值流映射——都是能带来大量创意的可靠方法。例如，泰国曼谷的康民国际医院（Bumrungrad）是全世界最顶尖的医院之一，它通过在医疗服务交付价值流的每个阶段广泛应用防错原则，已经从根本上减少或近乎完全消除了许多类型的医疗失误。

创意激活方法无须只针对高层管理的重大目标，也可以针对基层识别出来的较小的机会目标。例如，在一家英国金融服务公司，很多创意都需要信息技术部门编写 Excel 宏，以节省办公室员工在重复任务上耗费的时间。连续几个月看到这一类创意之后，一位中层经理建议搞一次快速的创意激活活动，介绍怎样创建 Excel 宏，这样员工就可以自己实施创意了。这无疑节约了信息技术部门的时间，但也激发出了员工的许多创意，因为他们现在能够看出宏的更多用途，而且还可以轻松地自己创建宏。

创意发掘

许多创意都内嵌着新颖的视角。这些视角往往隐而未发，但如果能提取出来，便有望触发更多的创意。挖掘此类隐含新视角的过程，就是我们所说的创意发掘。

我们曾见到过这样一个例子：欧洲某保险公司的一位高级经理，在接受了一轮有关创意发掘的短期培训课后，立刻将此理念付诸实践。在该公司的一处小型宠物保险呼叫中心，我们坐在创意会的后排，观察着员工们讨论问题、集思广益提出创意。他们的创意板上写着的一个问题是，顾客经常打电话给该部门，寻求马匹保险政策方面的帮助。马匹保险部门位于该国的另一个地方，客户代表又没法转接这些电话。这样的电话每个星期大约打进来 90 次，每次打错的电话都要花上两三分钟处理。客户代表首先要表示歉意，向顾客解释说明他们拨打了错误的电话号码，自己没办法转接电话，等着顾客找到纸笔，为顾客提供正确的号码，提供任何其他有必要的补救服务。每次通电话两分钟，每周 90 次，也就意味着这个问题每周会浪费三个小时。

　　一名员工指出，顾客之所以会拨打错误的电话号码，原因是公司的广告叫人糊涂。广告里包含了许多电话号码，其图形和布局让顾客很容易拨打错误的号码。"我会告诉营销部门的，因为他们今年会在黄页上投放新的广告。"这位员工的经理说，接着准备转到下一个创意上。

　　"且慢！"高级经理从房间后面喊了一声。"在各位继续进行之前，我们来制定一条新的规则。每当碰到顾客摸不着头脑的时候，我们就把困惑的根源写在创意板上，看看我们能不能补救。如果顾客感到糊涂，这会令他们觉得十分沮丧，也会浪费我们双方的时间。"他指出，这个创意内嵌了一种全新的视角，团队可以根据这一视角构思新的创意来改善客户服务。通过揭示这一新视角，让顾客的困惑变成团队的"问题标志"，高级经理让这一个创意为日后的更多创意播下了种子。

　　不久之后，我们在一家美国健康保险公司的培训课程上分享了这个例子。我们再次拜访时，创意系统经理自豪地说，该公司也已创建了自己的问题标志。"每当有客户打来电话，我们都会写下原因。说到底，顾客打电话来不是为了打招呼，祝我们节日快乐。他们打电话是因为我们做了或者没做的某件事，它才让他们产生了打电话的必要。"想想看，这一见解能够激发出多少在客户服务改进和其他方面的创意啊！

　　在研讨会上，我们经常使用创意发掘练习来说明从一组创意中提炼新颖视角有多么容易。为解释练习，我们使用表 1.1 "来自克拉利奥-斯德哥尔摩酒店酒吧的创意"。为方便起见，我们为表格内的项目加上了编号，如表 7.1 所示。

表 7.1 来自克拉利奥-斯德哥尔摩酒店酒吧的创意

1	马 可	让维修部门在酒吧后面地板上钻三个孔，安装管道，这样调酒师可以把酒瓶直接扔进地下室的回收箱。
2	雷 扎	如果酒吧客人不多工作不忙，调酒师可以到每位客人的餐桌上调酒，这样顾客就能看到表演了。
3	纳迪亚	许多顾客都问我们是否供应下午茶。目前，整个斯德哥尔摩南边，还没有这么做的酒店。我建议我们现在就开始这么做。
4	泰 斯	提供有机鸡尾酒。顾客经常来要，但我们不供应。
5	纳迪亚	克拉利奥的会议及活动销售人员，经常在酒吧跟潜在客户会面。提前告诉酒吧员工这一信息，这样他们就能提高警惕，做一些特别的事情。
6	蒂 姆	每当酒吧推出一款新的鸡尾酒，让餐厅员工品尝一下，就类似餐厅推出新菜单或新菜品时的做法，这样，服务员才知道自己在卖什么。
7	弗雷德里克	酒吧早晨 9 点半开门，许多顾客都会索要小份维生素（一种特别的混合果汁饮料）。请把它们放到菜单上。
8	纳迪亚	请维修部门在酒吧后面员工通道的闲置区域修建些架子，摆放玻璃杯。目前，酒吧里放玻璃杯的地方太小了，只能放在厨房的二楼储物柜里，酒吧里只有两名调酒师，每天晚上他们都会有一个人上楼去取玻璃杯，每次都要花上 30 分钟，这就意味着减少了酒水的销量。
9	马 可	在楼上的酒吧，开门的时候，我们要花一个小时把所有开过的酒从楼下拿上来，关门时又要放回去。如果酒吧里的橱柜上安了锁，我们就不用这么做了。
10	玛 琳	如果客人用"欧元卡"付款，在我们的收据上会显示"欧元"。这让许多客人感到糊涂，他们以为自己是用欧元而非瑞典克朗付费。请让会计部门联系我们的欧元卡供应商，看看能否把收据上的标题改掉。

11	纳迪亚	酒吧工作人员常常充当接待员,告诉人们有关酒店、本地商店、餐馆和景点的情况,还给人指路。我们的网站上有一段接待员的视频,可以把它拿到所有酒店房间的电视上播放。
12	泰　斯	如今我们星期天晚上 10 点关门,很多顾客都抱怨过这一点。我们的酒水执照上因为多年前的一次违规行为而遭到了红点警告,如果想在星期天晚上 10 点之后营业,我们必须配上四名保安。申请去掉红点警告,这样我们深夜营业时就可以只要一名保安了。
13	纳迪亚	深夜保安有时对顾客太粗鲁无礼(保安服务是分包的)。这些保安应该跟所有克拉利奥的员工一样,参加"克拉利奥式态度"培训。
14	马　可	增大在大会上散发的优惠券上的字号,清楚地说明这是酒吧折扣券,而非免费饮品券。
15	纳迪亚	让厨房在酒吧贩卖的预包装火腿三明治上做好标记。眼下,酒吧的员工为了搞清楚它们跟火腿奶酪三明治的区别,有时甚至要切成两半才看得出来。
16	玛　琳	在酒吧里多接一个啤酒龙头,这样我们就能卖出更多啤酒了。如今只有一个龙头,这是个瓶颈。
17	纳迪亚	请维修部门在酒吧的残疾人坡道上放一些砂纸安全贴条。现在孩子们把坡道当成滑梯,酒吧员工每天都要处理轻微的擦伤刮伤。
18	纳迪亚	请告诉酒吧员工酒店每天住着多少客人,这样他们就能为酒吧做好备货工作,安排合适的人手。

　　我们首先把参与者分成几个小组,让每个小组在 1 到 18 之间选择一个数字(也就是"克拉利奥表单"中各个创意的编号)。然后我们把创意表发下去,并请每一组找出表单里与自己所选择数字相对应的创意。(发下表单之前让参与者自己选择数字,以免他们自己总是找容易着手的创意。)

接下来，我们指导小组讨论他们所选择的创意，并思考以下问题，识别出相关的创意，提炼出所选创意里暗含的各种新颖观点：

■ 这个创意还暗示了其他什么创意？

■ 这个创意还暗示了其他哪些需要改进的地方？

■ 针对如何改进组织，这个创意暗示了什么新颖的视角？

为了说明到底如何运作，让我们以一组人为例，他们选择了数字 6，对应的是蒂姆的创意：

> 每当酒吧推出一款新的鸡尾酒，让餐厅员工品尝一下，就是类似餐厅推出新菜单或新菜品时的做法，这样，服务员才知道自己在卖什么。

针对这一具体的创意，小组或许会给出以下回应：

■ 每当酒店推出一种新产品或服务时，让员工试用，并向员工解释，这样，员工才能回答顾客对这种产品或服务提出的问题，并且在合适的时候向客户推荐，以更好地销售它。

■ 如果员工得到合适的服务和相关信息，还有哪些其他产品或服务可更有效地卖出去？

■ 这是交叉销售改善的一个例子。一个区域（餐厅）通过另一区域（酒吧）销售产品。我们还可以通过什么方式在酒店内交叉销售产品和服务？

尽管尝试发掘每一个创意有些不切实际，也并非每一个创意都值得发掘，但从一组常规创意中可提取不同的潜在视角，是很令人震惊的。

表7.2给出了克拉利奥-斯德哥尔摩表单上前五个创意的回答示例。此外，创意发掘的概念并不难理解，很容易在团队的常规创意会议上进行演示和传授。

表7.2　从克拉利奥酒吧创意提取的视角

1. 让维修部门在酒吧后面地板上钻三个孔，安装管道，这样调酒师可以把酒瓶直接扔进地下室的回收箱：
   - 还有哪些调酒师离开酒吧时要做的事情，可以得到简化或改进的？
   - 调酒师的工作中有哪些方面是没有增值的，也就是说，会占用他们为顾客服务的时间？我们能取消或将之加以精简吗？
   - 酒店里还有没有其他地方可以让垃圾回收变得更容易些？
   - 我们能否从一开始就减少瓶瓶罐罐的使用量？
2. 如果酒吧客人不多、工作不忙，调酒师可以到每位客人的餐桌上调酒，这样顾客就能看到表演了：
   - 我们还能做些什么来让服务变得炫目又有娱乐性？
   - 我们还能在餐桌上做些什么不同的有趣事情呢？
   - 如果酒吧客人不多、工作不忙，我们还能在哪些方面利用调酒师暂时无法施展的调酒能力？

3. 许多顾客都问我们是否供应下午茶。目前，整个斯德哥尔摩南边，还没有这么做的酒店。我建议我们现在就开始这么做。

- 顾客还询问过哪些饮料和食品，我们可以提供这些吗？
- 下午茶是个来自英国的概念。还有哪些其他国家或民族的传统饮料，是我们可以提供的？
- 其他酒店和酒吧有哪些我们尚未提供的服务？

4. 提供有机鸡尾酒。顾客经常来要，但我们不供应。

- 我们的顾客还喜欢哪些健康需求或生活方式趋势（公平贸易，无麸质食品，等等）？
- 我们能提供哪些迎合时尚趋势/政治倾向的饮料吗？
- 对我们如今未能提供他们喜欢的饮品，询问顾客有什么样的意见。

5. 克拉利奥的会议及活动销售人员，经常在酒吧跟潜在客户会面。提前告诉酒吧员工这一信息，这样他们能提高警惕，做一些特别的事情。

- 还有哪些因生日聚会、婚礼和其他活动前往酒吧的潜在顾客，要是酒吧工作人员能提前知晓会更方便？
- 调酒师可以提供哪些特别服务？哪一种效果最好？
- 酒吧还有哪些来访者（贵宾、名人等）可能对酒店特别重要？酒吧能否也提前知道这些人的到来？
- 酒吧员工可以参与销售酒店的哪些服务？
- 有没有什么办法，可以为所有客人都做些"特别"的事情？

上面所描述的练习往往会打开管理者的眼界。它向他们展示了针对性创意培训的价值，并消除了对"员工迟早会失去创意"的恐惧。事实上，根据我们的经验，做完这一练习之后，许多管理者不再担心创意会消耗殆尽，而是担心自己被创意压垮了。

我们建议你在会议中跟踪一些创意发掘带来的更有用视角。随着时间的推移，你能积累起一份适用范围极广的有益问题清单，并分享给整个组织，应用到问题发现训练和新员工培训上。让我们来看看以下的例子：

- 每当有客户请你做一些你或你的组织不能做的事情，问问为什么现在它没法做到，怎样才能让它有可能做到？
- 每当你要花 15 秒以上才能找到某样东西，问问为什么。
- 每当你或你的团队头一次因为某事未能妥善完成而收到反馈，问问为什么。
- 每当有客户提出问题或感到困惑时，问问为什么。
- 每当你意识到自己或同事因为一个糟糕的流程出现错误，想一想可以改变哪些地方。
- 每当你扔掉某样东西的时候，先问问它为什么会出现在那里（从环保的角度看）。

克拉利奥-斯德哥尔摩酒店还鼓励员工使用另外两种在实质上跟创意发掘类似的"开采"技术：积极的倾听和体贴的观察。积极倾听的一个例子是，如果客人到前台办理退房手续，工作人员总是会问他们住得怎么样。如果客人有抱怨，前台服务员会仔细了解所有细节，以便完全理解发生了些什么。到这里为止，这跟大多数优秀的酒店没有什么不同。不一样的地方来自客人简单地回答"好"或者"还行"但服务员看出有些事情不对劲的时候。员工不会就此罢手，而是礼貌地进一步探寻。如果这些更深入的询问恰如其分地完成，那么，等处理好客人的收据之后，这就变成了一场愉快而真诚的谈话。客人向"朋友"分享自己通常不会向陌生人提及的担心或观察。想想有多少次，你想在退房时告诉酒店员工一个问题，或是向酒店提出怎样能做得更好的建议，但你最终却退缩了，因为你感觉他们并不真心感兴趣。

克拉利奥-斯德哥尔摩酒店还鼓励员工密切观察顾客，以便留意到顾客兴许不会正式说明的微妙问题和机会。例如，餐厅服务员敏锐地观察到了一件事。她注意到许多顾客把老花镜忘在了家里，看不清菜单。她提出的建议是，准备一盒度数各异的老花镜，借给有需要的顾客。

对顾客体验的周到体贴，为酒店增加了独特的魅力。例如，有一天，一位客人惊慌失措地抵达酒店。他本来是打算给研讨班上课的，但笔记本电脑的电池却几乎没电了，而他又忘了带充电器。一位前台工作人员搜遍了整个酒店，为他找来一个可以用的充电器。等客人的问题解决后，这位工作人员提交了一个创意：购买最热门笔记本电脑的备用充电器，以备顾客不时之需，并将这些充电器放在酒店的两间商务中心。

建设一家对问题有着敏锐洞察力的组织

到目前为止，我们在本章关注的重点是如何提高个人对问题的敏感度。本节讨论怎样运用政策和流程，提高组织对问题的敏感度。格兰尼特石材公司（Graniterock）是一家荣获过美国波多里奇国家质量奖的石材、沙砾、混凝土、沥青和其他建筑业基材供应商，位于加利福尼亚旧金山南部。

1989 年，首席执行官布鲁斯·伍尔佩特（Bruce Woolpert）推出了他的"少付"（short-pay）政策，即"如果你（客户）不满意……就不必付款"。如果客户对格兰尼特石材公司提供的产品或服务的某些方面不满意，他只需删除发票上的相关费用，然后支付其他费用。

根据伍尔佩特的说法，组织非常擅长构建厚厚的"防御外壳"，隔开客户的投诉抱怨。"少付"政策就是为打破这一外壳而设定，以保证客户说出问题，让组织采取行动。在实施这一政策之前，伍尔佩特确保组织做好了准备。正如他对我们所说：

> 我们推出少付政策的时候，我非常小心地四处观察，确保员工真心实意地觉得，如果我们不能让别人满意，我们就不应该得到报酬。我这样做的原因是，我拿不准如果客户真的少付钱，会引发什么样的反应……因为少付钱看似是一种对抗，但其实不是……我们是真的要让员工感到，让人为自己并未收获良好价值的东西付钱是不道德的。

这项政策一推出，公司就大力推广；第一年，出现了近 600 笔少付的账单，相当于公司销售额的 2.3%。这对任何企业来说都是巨大的牺牲，对格兰尼特石材公司尤其如此，因为碎石和混凝土行业的利润率特别低。今天，格兰尼特石材公司凭借"少付"政策解决了大量问题，"少付"成本低于销售额的 0.2%，远低于大多数公司为退货保留的费用。

客户选择"少付"之后，格兰尼特石材公司会采用以下流程来了解突发事件，补救问题。他们会立刻向客户致电，向他表示歉意，并保证"少付"款项已经从账单中减免，打电话的目的是让格兰尼特石材公司学习和改进。一旦客户理解这通电话的目的并非为了索要欠款，格兰尼特公司就会请他详细解释事情的来龙去脉，这样，石材公司的团队才能确切地理解他为什么感到失望。以下是"少付"政策触发的几项改进案例：

- "少付"政策早期指出的最大问题是交付很难准时。部分原因是该公司没有良好的调度系统——调度办公室在墙上贴着大型海报幅面的表格，以便在接到订单时记录下来，并用荧光笔跟踪一天的负载状态。在繁忙的日子里，调度员很难跟踪所有涌入的信息，交付必然会延迟。改进团队着手寻找能帮上忙的软件。今天这类软件很多，但 1989 年的时候，公司不得不在针对其他行业设计的软件基础上做调整，开发自己的调度软件。

- "少付"政策早期反复出现（第一年超过了 50 次）的另一个原因跟彩色混凝土的问题有关。客户会订购不同颜色的混凝土，大多是红色、米色，或是其他一些泥土色调。许多施工承包商要求"少付"，是因为混凝土的颜色太浅，抑或到处都是污迹。在这些情况下，格兰尼特石材不仅要承受"少付"成本，还往往要花钱去拆除、替换混凝土。当时，色彩控制糟糕，是混凝土行业的常态。每一家混凝土供应商都很难保持色调一致，格兰尼特公司也不例外。但对那些要使用这些混凝土的施工承包商来说，这个问题太大了。彩色混凝土大多用于最显眼的施工位置，属于设计概念的一部分，比如精致的天井或泳池区域。格兰尼特公司虽然早就知道这方面有问题，但直到它的团队开始拜访"少付"客户的工地，它才意识到这个问题实际上有多大。在实行"少付"政策前，格兰尼特公司每年收到的关于颜色的投诉很少，从来没想过问题会有这么严重。

　　该行业的标准做法是把混凝土装进搅拌车之后再加入染料。司机会爬上装载平台，打开沉甸甸的彩色粉末袋子，把粉末倒入混凝土。接着，在送往客户现场的路上，粉末和混凝土混合在一起。"少付"政策实施前，公司收到投诉时会认为问题出在剂量有误，总办事处的人会联系司机，问他放了多少袋染料。很多时候，司机都记不住，所以，公司的人只是提醒他下次要多加小心。实施"少付"政策之后，问题的成本变得高昂起来，格兰尼特的团队开始认真地寻找问题的根本原因。结果，出问题的不是剂量，而是由于结块。哪怕司机加入了正确数量的染料，干粉掺入湿混凝土时也常常凝结成块，无法充分混合。于是，格兰尼特公司找到了可以提供液态染料的供应商，问题就解决了。

■ 另一个反复导致"少付"的问题是，对新地区建筑工地的交付延迟，这些地区的道路尚未被收入地图。司机往往会花大量时间，开着车四处寻找工地。解决办法是使用消防部门的地图，根据规定，这种地图必须收录所有最新信息。公司将消防地图贴在调度区的一大面墙上，方便司机研究琢磨自己要去的工地在哪儿。

■ 还有少数"少付"案例提醒格兰尼特，客户有未曾明说的独特需求，而且以为公司能够满足他们。例如，一些客户会说明交付时间，但实际上期待卡车在混凝土浇筑前 15 分钟到达。还有些人期待每一轮货品都添加一定质量和性能的添加剂。这些要求会带来额外的成本，所以，除非订单中提前指定，格兰尼特公司的服务里并不包含。但有些客户就是希望，不管是否说明，每一轮货品都应加入添加剂。原来，这是因为，考察了"少付"情况背后各种各样的原因后，格兰尼特公司不断改进服务，老客户越来越多地把它视为合作伙伴，也就期待公司能记住自己的特殊要求。一如伍尔佩特所说："随着时间的推移，'少付'系统告诉我们，2/3 的客户都是非常独特的。"

在提高送货准时率运动开始时，伍尔佩特和一个朋友打了赌——这位朋友是多米诺比萨地区专营店的老板，该比萨店以准时送货出名。两人的赌注是，在一个具体的时期内，哪家公司的交付表现会更好。输的公司给赢的公司所有员工买比萨。最终，格兰尼特公司在一些城市赢了，多米诺在另一些城市赢了，赌注宣告流产。

经过了 20 多年的"少付"运营，该公司已经解决了一些较为明显的跟客户相关的问题。如今，它的"少付"系统继续深入挖掘，识别出需要格兰尼特解决的愈发微妙的问题，进而为公司带来了竞争对手所缺乏的能力。近年来，该公司在质量方面的声誉非常好，有时候，一看到是格兰尼特配送的混凝土，检查员甚至会放弃检验。他们知道，这种混凝土已经在格兰尼特通过了严格得多的检验。它的许多客户告诉我们，他们愿意支付溢价从格兰尼特购买产品，因为这样就不会有太多麻烦，而且，客户跟公司做生意的便利度，让格兰尼特在许多工作岗位上获得了更低的实际总成本。该公司在制造"绿色混凝土"（也就是说，在不牺牲任何工程性能的前提下，这种混凝土更为环保）方面也处于领先地位。

组织层面上的问题敏感度，对便于捕获、分析和解决问题的底层设施提出了要求。克拉利奥-斯德哥尔摩酒店把终端机设在后台走廊和员工区域，方便员工记录问题。终端机使用的应用程序跟创意捕获程序相同，并能按照便于分析的形式将客户问题分类。除此之外，如果出现一个比较大的问题，需要企业层面的参与或提供资源，这种方法可以为酒店提供更有力的理由，向设在挪威的总部陈情。举个例子，酒店第一次为客房安装互联网时，系统（这套系统是总部与互联网供应商磋商后，集中为所有酒店安装的）要求顾客使用有效时间仅为 8 小时的上网卡。客人每天都要到前台领取免费上网卡，如有需要，还可额外买卡。从一开始，顾客们对这套系统就怨言颇多。如果一位商务人士早上打开上网卡，查看了 10 分钟的电子邮件，那么，等这位客人当晚回到酒店时，上网卡就已经过期了。

接待员从一开始就把客人的不满告诉过主管，主管也一直在告诉酒店管理层，而酒店管理层同样在尝试说服总部与互联网供应商磋商出一套更为便捷的安排——只可惜，一切都是徒劳。然而，等创意系统就位后，工作人员得以记录大量客人对这一主题的投诉，并揭示问题的严重程度。总部让步了，重新谈判了一份更好的网络接入服务合同。

通风系统也出现过类似情况。酒店刚一开张，客人们就不停地抱怨通风。有些楼层的空气流通很差，经常憋闷。遗憾的是，解决这一问题需要一项耗资数百万美元的大型资本项目，总部不愿批准这笔开销。但看到数百名客人对通风不良的投诉报告后，总部终于了解了情况，找工程外包商解决了这个问题。

关键点

✓ 启动创意系统的时候，创意匮乏的情况是很少见的。基层员工早就意识到许多从前无法解决的问题和机会。可一旦显而易见的问题得到解决，提出创意的速度一般会大幅放慢。补救办法是提供持续的培训和教育，帮助基层员工敏锐地发现新类型的创意。

✓ 创造力可分为发现问题和解决问题。放眼历史，大多数组织都专注于解决问题。优秀的创意系统可以大幅提升组织解决问题的能力，也就是说，它能更快地解决明显的问题。而为了持续改进，它还必须在发现问题方面做得更好。

✓ 发现问题主要是看视角。故此，提高员工发现问题的能力，又快又简单的方法就是让他们接触到怎样改进组织的新鲜视角。这些不同的视角，能让他们看到原本看不出来的问题和机会。

✓ 创意激活指的是短期培训或教育模块，教给人们新技术，或让他们提供相关工作的新视角，激发更多的创意。

✓ 许多创意都内嵌着新颖的视角。这些视角往往隐而未发，但如果能提取出来，便有望触发更多的创意。挖掘此类隐含新视角的过程，就是我们所说的创意发掘。

✓ 格兰尼特石材公司的"少付"政策——"如果你（客户）不满意……就不必付款"——是提升组织问题敏感度的系统的示例。

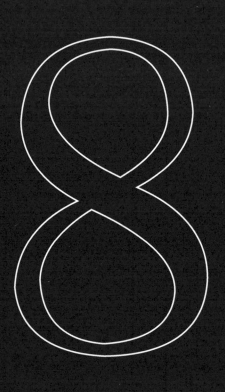

第 8 章 | 基层创意和创新

围绕怎样让组织变得更具创新性这个问题，世界各地的领导者都在努力寻求解决之道。对大多数组织而言，第一步应该是建立一套高绩效的创意系统。这种方法能让它们利用基层创意和创新之间强有力的多层面协同效应。如果这些协同效应未能运转开来，组织也就无法充分发挥其应有的创新能力。

本章中，我们解释了为什么获取大量自下而上的创意的能力，显著提升了组织持续产生突破性创新的能力。首先，基层创意和创新之间的协同作用，能带来更多、更大的突破。其次，建立高绩效创意系统，需要重新对组织进行校准，消除从前许多妨碍创新过程但又常常遭到忽视的障碍。

创新往往需要基层创意才能发挥作用

大型创新的复杂性和新颖性意味着，需要很多较小的创意，才能使它们有效地发挥作用，有时甚至能完全发挥作用。为理解这一点，让我们来看看斯巴鲁印第安纳汽车公司进行的一项重大绿色创新，它发生在前一章里提到的实现零垃圾填埋目标期间。

汽车制造行业有一种毒性较大的化学物质是改变颜色时用来冲洗油漆系统的溶剂。在斯巴鲁印第安纳汽车公司，每隔三四辆车，就需要冲洗油漆系统。以前，用过的有毒溶剂是送到外地处理的，这道工序成本很高，需要特殊的处理和运输流程。一名员工想出了一个创意，开发了一种现场蒸馏工艺，可回收溶剂进行再利用。在寻找此类技术的供应商时，斯巴鲁汽车公司找到了一家企业，后者提议使用一种创新方法，它对环境明显更友好。传统的蒸馏技术会在蒸馏釜底部留下一层油漆残渣和溶剂组成的剧毒污泥。而供应商建议的新方法是，在真空中进行蒸馏。真空蒸馏几乎可以提取出所有有毒溶剂，只在釜底的残渣中留下一点痕迹。斯巴鲁汽车公司很喜欢这个想法，便与供应商签订了合同。

遗憾的是，供应商很难让新技术运转起来，而且，还没等它成功，该公司就破产了。完成这个项目的责任落到了斯巴鲁印第安纳汽车公司一支维修团队的肩上。到项目结束时，这些工人想出了数百个小创意，并积累起来解决了供应商工程师原本没能解决的问题。随着真空蒸馏新工艺的采用，汽车公司的溶剂使用量从每月3到5（辆卡）车，减少到每个季度不到1车，而且，还再也不需要将大量受污染的溶剂运到工厂外做处理了。

更多的基层创意迅速利用了这项创新，并增强了它的影响力。一名员工提议，与其把干燥的残渣送到500英里外的特殊有毒废物焚化厂，不如进行再次回收。她找到了一家公司，可以从釜底残渣中提取有机元素并重复使用。有机回收过程中剩下的焦炭，送到当地的钢铁公司，可用作保护涂层，用在浇铸钢水的钢包上。

另一个创意涉及用来清洁喷漆设备的抹布。跟受了溶剂污染的污泥一样，浸泡溶剂后的抹布需送到特殊的焚化厂，作为有毒废物处理。一名工人建议，可以将抹布通过离心处理提取溶剂，接着将溶剂蒸馏加以重复使用。这个创意很有效果。每离心处理 34 桶抹布，便可回收 1 桶溶剂。反过来这又引出另一个创意。由于聚酯纤维抹布不再含有有毒溶剂，现在可以回收了。厂方将它们卖给一家公司，后者以之为原材料，为另一家汽车公司制造轮舱衬里的塑料。于是，十分讽刺地，斯巴鲁的生产废料最终进入了竞争对手的汽车。

假设斯巴鲁没能利用让蒸馏工艺运转起来的基层创意，那么，它非但无法开创出创新的环保溶剂回收系统，并在此基础上消除其他废料流，反而会浪费一堆全新又没用的蒸馏设备，重新恢复使用过去又昂贵、对环境也更有害的溶剂处理方法。

基层创意创造可促成创新的能力

大量的小创意可以创造出实质性的全新战略能力，让组织能够通过其他原本根本无法实现的方式开展创新。2009 年，安联（中国）保险公司获得了中国一家重要财经报纸颁发的该年度"最具创新寿险产品"奖。这一险种叫作"超级随心两全险"（Super Fit），是一种完全定制化的寿险品种，客户可以选择收益和付款期限，从

"附加条款"选项菜单里选择不同的死亡原因，并根据个人需求定制到期兑付方式。这份产品的创意来自一名员工，他跟一位刚买了寿险的朋友聊天。这位朋友 31 岁，按他的经济状况，他想支付 11 年以上的保费，金额来自他的幸运数字。但没有一家保险公司能提供结构如此灵活的寿险保单。安联的这名员工想知道，自己的公司能不能想办法让客户可以根据自己的需求（不管是什么样的需求）定制保单。焦点小组喜欢这个创意，公司也开始开发一种灵活的寿险产品。

我们在第 2 章和第 3 章中提到过，首席执行官威尔夫·布莱克本接管安联（中国）时，创建创意系统属于他的首批举措之一。他告诉我们，随着时间的推移，该系统带来的创意让公司变得异常灵活，具备了创建并交付这样一种创新产品的能力。独特的产品在中国保险市场很少见，因为在新产品推出的几个月内，竞争对手便会抄袭。但"超级随心两全险"推出整整两年后，一家顶尖竞争对手的高管仍对安联（中国）能够提供灵活度这么高的产品感到惊讶。

基层创意可以把常规创新变成重大突破

几年前，"尖峰特遣队"（第 3 章中介绍过的创新消防设备制造商）在一次消防设备贸易展上，想到了一个有趣的新产品创意。展会期间，几家经销商路过"尖峰特遣队"的展厅，询问什么时候会在产品线里加入"大喇叭"。"大喇叭"指的是一种大型水炮，由若干条消防水管供水，用于从安全距离向大型火灾现场喷洒大量的水。这已经不是客户第一次询问"大喇叭"事宜了，公司自己很清楚产品线里的这个缺口。但"尖峰特遣队"有一项长期政策，只在新产品明显优于市场上的其他同类产品时，才会着手开发，但对"大喇叭"，公司还没有想到该怎样做到这一点。

"大喇叭"的问题在于，虽然它们在扑灭较大的火灾时非常有效，但它们也很笨重（一般需要两名消防员搬运和架设），操作起来很危险。水压来自几条软管，也就是说，安装"大喇叭"并把它固定在地面的时候必须格外小心。就算把"大喇叭"正确地固定好了，总水管中的压力也容易让固定锚点松开，让它如同一条愤怒的水蛇跳起来四处乱弹。许多消防员都曾因为"大喇叭"失控而受伤，甚至送命。

展会期间的一个晚上，"尖峰特遣队"公司的团队开会回顾当天的活动。团队讨论了最新一轮要求公司开发"大喇叭"的请求。一些队员强烈支持公司应该开发，而另一些人（斯图尔特·麦克米伦）则强烈反对这么做。随后进行了一场激烈的讨论。麦克米伦重申了公司政策，也即只生产明显优于竞争对手的产品，他说，如今还没有办法纠正"大喇叭"的根本问题。

销售副总裁不同意："我们只需要增加压力表，这样消防员就能看到什么时候出现压力激增了。"

麦克米伦的第一反应是："消防员在灭火时怎么看仪表？就算他能，仪表也只有在问题发生后才能报告问题——这时候消防员已经来不及关闭失控的高压'大喇叭'了，甚至来不及离开。"他顺口又多加了一句："如果'大喇叭'一松动就能直接关闭，反倒更好。"

所有人立刻意识到，麦克米伦偶然间道破了一个潜在的解决办法。一旦从固定点松开就自动关闭的"大喇叭"会更安全。

回到公司，麦克米伦安排了一场研讨会，讨论公司怎样利用"松动关停"的创意来制造一款性能优越的"大喇叭"。所有感兴趣的人都受邀参加一个比萨派对和头脑风暴会议。有 20 多人到场，其中包括许多同时也兼职担任志愿消防员的基层工作人员。除了吃了许多比萨，参与者还为全新的"大喇叭"提出了 21 个独特的创意，包括：使用弹簧（而非铸铁）钢腿，这样"大喇叭"就能在不平整的地面上自动保持水平，不再需要用垫片调平；在每条腿的末端都有锋利的碳化钨抓齿，用来楔入黏土、沥青甚至混凝土，以防止"大喇叭"移动；一种特殊的电镀涂层，不会像普通涂料那样磨损；激光蚀刻（而非钢印）说明书和安全警告；采用从离地面更近的中心点射水的特殊设计，可提供更大的稳定性；轻质铝铸造结构；可从垂直和水平方向调节出水口的曲柄；存放在"大喇叭"内部、附着在盖子上的捆绑带，消防员打开盖子去连接软管时，捆绑带会自动弹出，这样就没人会忘记把"大喇叭"绑好；最后，当然还有压力表。它符合"尖峰特遣队"的新产品政策，明显比竞争对手的产品更优秀。新款"大喇叭"的重量不到原来的一半，功能更丰富，结构更紧凑，使用也更方便。更重要的是，它比市场上的其他"大喇叭"安全得多。这款产品最终拿到了专利，获得国际消防长官协会年度最佳新产品奖。这是"尖峰特遣队"公司创新"大喇叭"和高压水枪系列产品中的第一款。

诚然，是麦克米伦的创意（"大喇叭"出现故障时切断水源）提供了一个起点，但让这款新产品真正优秀的，是来自"尖峰特遣队"公司员工的其他创意。

"尖峰特遣队"公司使用了许多可持续的方法，确保将基层创意集成到所有产品的设计工作中。例如，设计部门有一扇门直接通向制造车间。在设计或修改产品时，设计师与生产工人密切合作，以了解后者关于如何改进设计、提高其可制造性的创意。这种紧密的工作关系，还使得设计人员能够从机械师那里及时获得有关最新制造技术和这些技术带来的额外性能。

我们刚才提到过，"尖峰特遣队"的不少员工本来就很理解客户的需求，因为他们自己也是志愿消防员。即便如此，该公司始终在寻找创新方法深化员工对客户需求的理解。举个例子，几年前，汽油价格在夏季驾车高峰期暴涨，麦克米伦听到几名员工提起自己的暑期度假打算。一名员工说，由于汽油价格太高，他和家人打算待在离家比较近的地方。麦克米伦得知，其他员工也因为同样的原因减少了假期出行。他认为这种情况令人遗憾，就跟管理团队想出了一种创造性的方式，既帮助员工过暑假，同时也能为公司稍微做些推广工作。他们发起了"带着全家去旅行"项目。不管是到美国大陆的什么地方去度假，只要员工愿意访问当地的消防站，那么，从该消防站到"尖峰特遣队"公司所在地之间的往返行程均可报销每英里 25 美分的油费，并获得一笔额外的补助（补助的多少，取决于目的地）来抵消其他开支。（员工们当然按照自己的出行目的地，去了这趟行程里离公司最远的消防站！）员工们需要向消防员介绍自己和"尖峰特遣队"公司，在消防站前跟消防员们合影，并赠送他们一袋宣传用的小礼物，其中包括一些"尖峰特遣队"的创新安全小工具，以及公司及其产品的相关信息。员工们度假回来后，把照片贴在公告牌上，在地图上插上别针，标明所参观消防站的位置。

"尖峰特遣队"将基层知识积极地整合到产品开发流程中，从而在与对手的竞争中获得了重大优势。尽管它仍然是一家只有 150 名员工的小规模组织，但在过去的 20 年里，该公司已经从消防行业的小型参与者，成了一家全球消防设备供应商，并以卓越的创新性在业内获得认可。

基层创意可开启创新的新机遇

2011 年，在《快公司》杂志的全球最具创新力消费品公司榜单上，惠而浦排在第六位。如果是在 10 年前，该公司绝不可能进入这样的榜单。

20 世纪 90 年代末，惠而浦的首席执行官大卫·惠特万（David Whitwam）开始担心家用电器行业正迅速变成一桩日用品生意。电器价格在下降，惠而浦的利润也年年下跌。惠特万当时就说，顾客走进任何一家大型家电商店，面对的都是"白色的海洋"，也就是成排的白色家电，各个品牌之间的差异极小。所有的机器都有着同样的颜色，同样的基本功能。由于差别太小，每当需要更换洗衣机或烘干机时，顾客就会随意买一台，很少想到要买跟自己现在所用电器品牌一样的产品。在这种情况下，2000 年，惠而浦洗衣机/烘干机的平均匹配率仅为 15%，而它的顾客人均销售额是 698 美元。

惠特万深信，惠而浦要想避免落入"日用品陷阱"，就必须成为创新者，于是他主动担起了改造公司的任务。他提拔南希·坦南特·斯奈德（Nancy Tennant Snyder）为核心竞争力和领导力发展副总裁，并要求她将惠而浦所制造的每一样东西都"嵌入创新"。该公司还聘请了一家外部咨询公司来开发一系列新系统，推动创新，设计新的培训项目，旨在改变其管理人员的思维模式。让一家缺乏活力的中西部大型制造商转型为一家具有创新精神的全球消费品公司，并不是一件容易的事情，它花了 10 多年的时间，但惠而浦的全球市场份额在此期间也大幅上升。

新推出的惠而浦电器一上市就有许多不同的颜色和全新高科技功能，性能大大提高。顾客可以购买到这样的洗衣机：耗水量低、使用洗涤剂少、将衣服洗得更干净、能延长衣服寿命、甩干模式下能把水甩得更干、让衣服干得更快，更为节能，有各种各样洗衣模式。新的烘干机可以用蒸汽把衣服上的褶皱熨平，甚至可以干洗。到 2006 年，惠而浦将其洗衣机/烘干机的匹配率提高到了令人印象深刻的 96%，顾客人均销售额增加了 3 倍多，达到 2 398 美元。

在过去的惠而浦，所有的创新都来自研发、工程或产品开发。

但等创新嵌入举措下沉到基层，工人们同样提出了一些极具创新意义的设想。例如，一名工人指出，大多数人会把衣服、洗涤剂和其他东西放在洗衣机或烘干机的顶盖上。可一旦机器运行就会产生振动，把放置的零碎物体震落到四周，或是机器与墙壁之间的狭小空间里，很难捡起来。这名工人的创意是，让公司销售定制的四周带围沿的橡胶盖罩在机器顶上。提出另一个新产品创意的工人，其所在部门制造的是用于垫高侧开门洗衣机和烘干机的支架。将前置式洗衣机和烘干机提高 12 到 15 英寸，减少了用户的弯腰需求，使机器更容易操作。这名工人的创意是，将支架做成抽屉，把它们变成方便的储物空间。这些创意再加上另一些创意，带来了一系列名为"洗衣 1-2-3"的附加辅助产品，其中包括与各种电器颜色相搭配的储物柜，以及可紧贴在洗衣机和烘干机旁边的洗衣推车、可调节衣物架和其他用于整理洗衣房的产品。这些产品的利润比电器本身要高得多，在它们的帮助下，顾客人均销售额提升到了 3 000 美元以上。

设立创意系统消除了创新的许多障碍

如前所述，不管创意是针对适度改进还是突破性创新，大多数组织在创意校准上都做得很差。故此，创新需要大量的幕后支持，其形式表现为管理者通过零敲碎打来克服失调，或运用诡计、影响力和人脉来规避失调。人们单纯地认为，所有这些努力都是创新所必备的东西，故此，潜在的失调往往并不会得到纠正。这就意味着，下一轮创新，以及之后的每一轮创新，都需要同等程度的艰辛努力。这种巨大的隐性成本极大地削弱了组织的创新能力，而管理层甚至根本没意识到。

但如果组织启动了高绩效的创意体系，同样的失调就会浮出水面，迎头痛击管理层。用"以支持对抗障碍"的模式，根本不可能处理大量自下而上的创意。首先，此类创意大多很小，为了实施这样一个影响力不大的小创意而付出对抗体系的辛苦努力，似乎不太值得。其次，这样的创意数量极大，任何依靠变通的应急方法都将不堪应付。故此，一旦组织建立起高绩效创意系统，它们就不得不把与创意失调的地方找出来并加以解决。

以总部位于休斯敦的建筑行业软件开发公司 HCSS 为例。实施创意系统，逼得该公司要对付一些重大的校准问题。这家快速成长的公司有许多优势。它为中到大型水平建设项目（如道路和相关基础设施）提供了顶尖的招标软件，以出色的客户服务（它的净推荐值始终保持在 80 左右的平均分）出名，《华尔街日报》认为它是"最佳小型职场"，此前的六年，每年都被"最佳企业集团"（Best Companies Group）评为"得克萨斯州最佳职场"。尽管 HCSS 取得了成功，但老板兼总裁迈克尔·莱丁（Michael Rydin）担心，随着公司迅速发展到 140 人左右的规模，它丧失了一些创新能力。他认为，高绩效创意系统会让自己的公司重振活力。

负责公司最受欢迎软件产品 HeavyBid 的开发团队，被选为该创意系统的试运行区域。在团队对新系统的第一次讨论中，创意流中出现了一个特别麻烦的堵塞点。该公司的每款软件产品每年更新两到三次，每个版本中的新特性、功能和其他改进，对挽留现有客户和吸引新客户都至关重要。经常与客户接触的部门——例如技术支持、客户培训和产品实施——总是有许多改进创意。此外，基于战略考量和跟大客户的谈话，高层管理人员也有他们想要看到的调整，销售部门根据对当前和潜在客户的调研有一些关于产品功能的创意，程序员对每一版本该如何改进也有自己的想法。但每次发布新版本，公司只能专注于数量有限的改良，并且，没有明确的流程可用来获取、评估、确定创意的优先级。

HCSS 规模较小的时候，不同部门的员工会定期交谈，以非正式的形式解决潜在改进意见上存在的分歧。但随着发展，工作分得越来越细，部门越来越多。每个部门都在不断完善自己的程序和流程，协调、改进自己负责的工作。这样一来，部门之间的屏障越来越大，团队之间的非正式合作越来越困难。

缺乏清晰的流程来获取和优先考虑产品改进创意，导致人们总是使用临时性方法来决定哪些创意应该跟进。有时，不同的中层管理者会支持特定创意，有时，高层管理者会介入，"鼓励"考虑自己的想法。但挑选、跟进哪些产品进行创意改进的主要责任，落在了编程团队及其管理者身上。这就带来了许多问题。软件新版本发布前进行内部演示时，各方面的支持者通常会坚持大量的"修正"，最高管理层往往还会在最后一分钟增加一些关键的新功能，或是打捞回一个不知怎么被删除的功能。随之而来的是大量的返工、延误，以及程序团队和公司其他团队之间的紧张关系。创意系统要想在试点区域发挥真正的牵引作用，必须首先解决这个问题。

因此，试点团队的大部分初期工作都投入到开发获取并确定产品改进创意优先级别的有效流程当中。该流程要求企业的管理体系：（1）从公司的各个领域获取改进创意；（2）评估每一创意在编程上所花时间；（3）预测每一创意的影响；（4）对创意根据优先度进行排列；（5）选择哪些创意收入新发布的版本。此外，特别需要注意的是，开发周期启动之后，怎样并在何时考虑将确定的变动纳入新版本。

到了下一个开发周期，获取产品改进创意的新流程带来的影响力变得一目了然。技术支持人员和其他跟客户联系密切的团队报告说，他们有比从前多得多的创意（或大或小）得到了考虑和采纳。由于高层管理人员一开始就参与到整个流程里，他们在开发过程的后期所加入的想法少了许多，这就减少了从前此类举动所带来的破坏性，以及由此导致的开发延迟。简而言之，有了新流程，产品新版本里可以收录更多更好的创意了。

HCSS 公司有许多人都知道自己的组织在判断哪些创意进入新产品发布上存在问题，但直到公司选择实施高绩效创意系统，这才成了一个无法回避的问题。消除这一失调，直接带来了一些重大创新。

例如，缺乏一个判断创意更改优先级的流程，对 HeavyBid 开发团队的工作流程有着极大的破坏性，人们甚至根本没法思考该怎样加以改进。然而，一旦获取产品改进创意的新流程就位，团队就能够认真思考自身的工作流程该怎么运转了。在一次创意会上，一名兼职程序员提出了一个新颖的想法：自动化检验团队的编程工作。如果这个创意能成功，每一开发周期将可节省两个星期和数百小时的开发时间。HeavyBid 是一种极其复杂的软件，具有许多相互关联的特性和功能，它是大量程序员在数十年时间里构建、修改并添加而成的。有时，哪怕是一个模块中的一个小小"改进"，也会在软件的其他地方带来新的问题。以前，发现这些问题的完整检验要到了开发周期结束才进行，它需要花费几个星期甚至更长时间才能确保消除所有关键的程序故障。兼职程序员提出的这个创意，是要开发一款软件，每天自动检验改动带来的影响。检验程序将在夜间运行，检查白天所做所有更改带来的效果，这样一来，就可迅速识别出问题并进行修复。

虽然软件自动化检验并不是什么新东西，但是 HeavyBid 这款产品的大量独特之处和它的结构，使得开发一款自动化检验系统要耗费天文数字级别的熟练编程时间。而这位兼职程序员提出了一个极具创意的方法，可以相对快速地开发出一款自动检验程序，检验HeavyBid 的 10 多万行代码。团队里的其他几位程序员改进了她的想法，再加上若干暑期实习生的帮助，这个项目只用了 HCSS 正式员工的几百个工作小时就完成了。而自此以后，新的检验系统让每个开发周期都节省了比这更多的时间。

把所有元素整合起来

到此为止，我们讨论的都是基层创意怎样为创新的各个方面提供了帮助。但由于基层创意和创新之间的互动，同时发生在许多不同的维度和层面上，不退后一步从整体上观察，我们很难真正地理解它。

位于威斯康星州的非营利性医疗结构 ThedaCare 是一个很好的例子，可以说明创意驱动怎样促成组织的跨界创新。该组织下辖的各色机构网络有 6 000 名员工，包括医院、基层医疗和专科诊所，以及养老院、长期护理及临终关怀机构。

从很多方面看，医疗领域是创新的典范。技术的突破让如今的医生可以在常规门诊程序里治疗从前威胁生命的疾病，解决短短几年前他们还无能为力的重症。尽管美国的医疗体系拥有不少全世界最顶尖的技术，但总体而言，它成本高、效率低，而且临床效果不佳。用不了多久，美国就会把国内生产总值的大约 20% 用到医疗保健上，这远远超过其他任何国家，但按世界卫生组织的排名，美国医疗保健的质量仅为第 37 名，低于哥斯达黎加和哥伦比亚等国。[1]在美国，每年大约有 10 万人死于医疗事故。按著名患者安全专家卢西恩·利普（Lucian Leape）医生的说法，患者在美国医院住院所面临的风险，相当于搭乘机动滑翔机，或是从大桥上跳伞。[2]这么糟糕的绩效，不是医疗技术缺乏创新，而是医疗保健交付方式缺乏创新所导致。交付流程，就是 ThedaCare 创新努力的工作重点。

从 2002 年开始，ThedaCare 开始尝试应用精益原则。此时，这家组织的临床成绩已获认可。在 2000 年和 2001 年，它在医疗保健有效性数据和信息集（Health Employers Data Information Sets，简称 HEDIS，这是美国医疗方案认证机构——国家质量保证委员会使用的一套医疗质量衡量指标）上获得全美最高分。但 ThedaCare 当时的首席执行官约翰·陶塞特相信，该组织可以而且必须做得更好。太多本可避免的失误有可能给患者造成伤害。陶塞特在成为首席执行官之前，是 ThedaCare 的首席医疗官，曾领导实施了大量创新举措。每一项创新完成之后，绩效都会上升，但随着工作人员慢慢恢复旧习惯，以及未受过改进方法训练的新工作人员应聘到岗，绩效又慢慢回落到最初的水平。他认为，导致这种模式的根源在于，没有一种系统性的方法来确保改进能够深入、持久地扎根，并在此基础上逐步发展。

当时，ThedaCare 的运营方式跟美国大多数医疗机构一样。医生告诉护士和工作人员该做什么，而护士和工作人员又按照自己听说的去做。人人当然都想做对患者最好的事情，但医院行政管理层、行业认证机构、保险公司、州和联邦政府制定了一层层的规章制度，常常使得患者的利益散失在官僚规矩和低效率的迷宫里。

陶塞特认为需要一种全新的工作方式，让基层员工更主动地参与创造更为优化的流程。虽然他不知道美国有哪家医疗机构采用这种方式，但他知道当地有一家吹雪机制造商艾瑞斯（Ariens, Inc.）是这么做的。于是，他带着 ThedaCare 的一小支管理团队前往威斯康星州布里林去参观学习。在那里，管理者们实现了顿悟。艾瑞斯遵循员工驱动的持续改进的精益理念，开发出了能确保吹雪机无差错生产的良好系统。这套系统十分精妙，比 ThedaCare 用来避免在接待患者时犯错的系统效果更好。这说服陶塞特和他的团队在医疗保健领域尝试运用精益原则。

首先要颠覆的便是向患者提供护理的传统思考方式。举个例子，2007 年，ThedaCare 在下辖的一家医院检验向患者提供"协作护理"方法。它放弃了传统的部门和等级式做法，将医生、护士和药剂师统编为团队来照料患者。各个团队早晨一起查房，一同为每名患者制定最佳护理方案。临床结果出现了显著改善。每张图表中的药物缺陷（medication defects per chart）从 1.05（低于当时的行业标准）下降到 0.01，患者满意度从 68% 上升到 90%，平均住院时间下降了 20%，每病例的平均成本降低了 21%。光是通过协作护理方法节省下的成本，就足够用来修建一栋全新的医院大楼，专门使用该护理模式。

ThedaCare 还开始大范围使用过去仅用来大幅提升关键领域绩效的价值流映射（这是一种详细的流程图，有助于识别问题、延迟情况和改进机会）。例如，七年间，心脏手术领域推广了一系列项目，使得心脏搭桥手术死亡人数从 4% 降到几乎为零，手术成本削减 22%，患者平均住院时间从 6.3 天缩短为 4.9 天。这些改进每年还为 ThedaCare 节省 2 700 万美元。

尽管主要的改进项目的确取得了显著的成果，但据陶塞特估计，它们仅占 ThedaCare 总体绩效提升的 20% 左右，其余 80% 都来自基层创意。每一支基层团队每天会在各自的创意板前"碰头"，讨论各种新创意，晨间查房时发现患者出现的问题，审视现有创意和改进项目的进度，为队员分配新行动，庆祝已经实施的创意。

ThedaCare 使用多层级的问题解决方法和工具。用便于实施的创意就能解决的问题，会从创意板上的"最初创意区"转移到"只管去做区"，指派给团队成员，迅速实施。更复杂的问题会转移到创意板上的不同区域，并使用精益 A3 改进流程作为大型项目加以管理。监管这些项目的进度，是碰头会的固定环节。

再大一些的问题，ThedaCare 使用四天半"快速改进活动"（rapid improvement events，简称 RIEs），这是另一种精益改进方法，有时也叫作"改善活动"或"改善闪攻"。典型的"快速改进活动"团队包括改进区域的基层和管理人员，若干来自其他区域的人员（以便带来不同的视角），还有某个代表患者视角的人。最后一名成员大多是真正的患者。

对 ThedaCare 来说，转变为以创意为驱动不是件容易事。几个关键领域的绩效非但没出现改善，反而有所下跌，在这个过程中，大量医生和管理人员辞职，或是不得不加以替换。此外，为灌输创意驱动的文化并确保它得以维持，也需要付出大量心血去关注。每周两次，ThedaCare 的高级管理人员会在"作战室"开会，审视绩效。跟装修豪华正式的典型高管会议室不同，"作战室"采用了功能性装修，墙壁上挂着各种跟踪图表、数据和项目。一面墙上显示的是每次会议上审查的指标，另一面墙显示每周审查的指标，第三面墙是月度审查指标，最后一面是季度和年度成果。

究其本身而言，这种对汇总数据的定期审查跟其他管理良好的组织并没有太大区别。不同的地方是，ThedaCare 的每一位高管每周都要花时间下基层，检查是什么推动数字上升，确保较低级别的改进流程能够顺利推进，提供一切必要的指导和支持。我们在第 2 章中提到过，就连首席执行官每星期也得花两个小时下基层。

高级领导团队成员还轮流参加快速改进活动团队每个星期的报告环节。每周五上午，所有前一周完成了快速改进活动的团队都会聚到一起，在大型场外活动上分享自己的成果。通常，会有四五支快速改进活动团队报告各自的项目，回答观众的问题。每一支介绍团队都会得到公开的感谢和热烈的掌声。公司里的任何人都可以参加这些聚会（很多人都会参加），而新员工必须参加。

为了支持所有基层团队的改进项目，ThedaCare 专门创建了 20 人的"协调员"小组，接受流程改进和精益工具方面的培训。员工自愿报名参与这些为期两年的全职岗位，既可获得宝贵的流程改进技能，也可增加晋升机会。ThedaCare 的 150 名最高层管理人员中，大约有 1/3 的人曾经是协调员。

由于组织中的每个人都参与了改进创意，ThedaCare 得以在医疗保健的整体交付上实现创新——这是一个大多数医疗保健组织至今仍十分纠结挣扎的领域。它已经大幅度地降低了成本，显著改善了临床结果和患者满意度。

小结

建设一家创意驱动型组织并不容易，也不可能一蹴而就。消除命令-控制思维、培养新习惯和新技能、创建能促进快速持续改进和创新的管理系统，都需要花费大量的时间。

如今的创意驱动型组织相对较少，但我们相信，20 年后，它们会变得寻常可见。在世界各地，基本的宏观经济力量，比如全球化、发展中国家的快速经济增长、互联网的兴起，正迫使各类组织少花钱多做事，并大幅提高自己创新和改进的速度。

与此同时，创意驱动型组织的数量正迅速增加，而且，它们在这一全新的现实中获得了蓬勃发展。它们广泛的成功证明了其新管理模式的优越性，并为其他人提供了短短几年前还完全不存在的学习榜样。

1991 年，我们在《斯隆管理评论》（*Sloan Management Review*）上发表了一篇文章，并指出，有效的创意系统在全美国都几乎不可能找到。我们在那篇文章中介绍的所有创意系统都来自日本，并且基本上效法的全都是第 5 章介绍的改善提案流程。到 2004 年，我们出版《创意即自由》的时候，北美、欧洲和亚洲的许多国家已经出现了一些拥有高绩效创意系统的公司。它们采用的方法各异，有些系统还变得非常成熟。

今天，已经有不算少的组织拥有成熟的高绩效创意系统，而且，它们还能够以惊人的速度进行创新。我们观察到，在政府、医疗保健和教育等承受着少花钱多办事这一巨大压力的部门，人们对高绩效创意系统的兴趣愈发浓厚。

过去 1/4 个世纪里，采用高绩效创意系统的组织，遵循了加布里埃尔·塔尔德（Gabriel Tarde）关于创新或观念怎样在社会系统下传播的经典 S 型曲线模式。[3]一个新观念在起步阶段被人们接受的过程比较缓慢，接着，它逐渐吸引到早期采用者的兴趣。随着新观念得到辅助观念的改进和增强，人们更多地了解了如何最大限度地利用它，传播的速度就加快了。最终，随着该观念的成熟，它的传播逐渐减弱。随着时间的推移，所采用的这种模式看起来就像字母"S"。

在《创新的扩散》（*Diffusion of Innovations*）这部经典作品中，埃弗雷特·罗杰斯（Everett Rogers）指明了决定这种模式发展速度的五个要素：

- 新观念之于现有观念的相对优势
- 新观念与潜在接受者现在所用系统的兼容性
- 新观念使用起来的复杂度
- 尝试新观念的便利度（可试用性）
- 新观念及其优势的可观察性[4]

一方面，高绩效创意系统具有巨大的相对优势。另一方面，它相当复杂，加上跟传统的组织运作方式高度兼容性极差，尝试起来也很困难。这就解释了为什么迄今为止对创意驱动原则的采纳速度仍相对较慢。

但是越来越多的领导者意识到，依靠现有组织，他们无法取得目前需要的结果。他们四处寻找解决办法。与此同时，世界各地的高绩效系统越来越多，既提高了它们的可观察性，也增加了理解创意驱动运营优势的管理人员数量。经验和知识的基础不断发展扩大，使得企业更容易进行相应的转型。

我们相信，证据已经明明白白地摆了出来。创意驱动型组织的时代也已到来！

关键点

✓ 对大多数想要让组织变得更具创新性的领导者来说，第一步应该是建立一套高绩效的创意系统。创新和基层创意之间存在多方面的相互作用，而这种互动是大多数管理者并未意识到的。故此，组织远远没有发挥出应有的创新性。

✓ 大型创新非常复杂，同时也非常新颖，这就意味着，为让它们有效运转（甚至只是单纯地运转起来），需要大量较小的创意。

✓ 大量的小创意可以创造出实质性的全新战略能力，让组织能够通过其他原本根本无法实现的方式开展创新。

✓ 基层创意可以把常规创新变成重大突破。

✓ 基层创意可开启创新的新机遇。

✓ 由于大多数组织在创意校准上都做得很差，故此，它们的创新需要大量的幕后支持。人们单纯地认为，所有这些努力都是创新的代价，故此，潜在的失调往往并不会得到纠正。这就意味着，未来的每一轮创新，都需要进行一场同等坚苦卓绝的战斗。可一旦组织建立起高绩效创意系统，就被迫要解决自己的失调问题，而这也让创新变得容易多了。

✓　如今的创意驱动型组织相对较少，但我们相信，20 年后，它们会变得寻常可见。在世界各地，基本的宏观经济力量，比如全球化、发展中国家的快速经济增长、互联网的兴起，正迫使各类组织少花钱多做事，并大幅提高自己创新和改进的速度。

注　释

第 1 章

1. 六西格玛是一种结构化的流程改进技术，由摩托罗拉公司开发，后由通用电气的杰克·韦尔奇推广。经过专门训练、被认证为"黑带""绿带"和"黄带"的专家，督导临时的改进团队，并负责确保解决问题的过程符合规定协议。

2. 米利肯创意系统的故事，在《创意即自由》一书中做过介绍。

3. 见 F. A. Hayek，"The Use of Knowledge in Society," *American Economic Review* 35，no. 4（September 1945）：519 – 530。

第 2 章

1. Fred Luthans，"Successful vs. Effective Real Managers," *Academy of Management Executive* 2，no. 22（1988）：127 – 132.

2. 彼得·德鲁克在 1990 年的一系列研讨集中分享了这个故事。

3. "Riverside County Debates Who Gets the Best Toilet Paper," *Los Angeles Times*，May 7，2009.

4. 有关这个实验的完整介绍，请参见 Philip Zimbardo，*The Lucifer Effect*（New York：Random House，2008）。

5. 同上。

6. Adam Galinsky，Deborah Gruenfeld，and Joe Magee，"From Power to Action," *Journal of Personality and Social Psychology* 8，no. 3（2003）：454.

7. "Military's Top Officers Face Review of Their Character," *New York Times*，April 13，2013.

8. Jim Collins，*Good to Great: Why Some Companies Make the Leap and Others Don't*（New York：HarperCollins，2001）.

9. K. Benne and R. Chin，"Strategies of Change," *in The Planning of Change*，ed. W. Bennis，K. Benne，and R. Chin（New York：International Thompson Publishing，1985）.

10. 我们是在 20 世纪 80 年代末在日本第一次碰到高管导读课的，当时许多顶尖公司都使用这种方法，来推动重大变革。

11. *Understanding Risk: Informing Decisions in a Democratic Society*（Washington，D. C.：National Research Council，1996）.

12. J. Dupuit，"De la mesure de l'utilité des travaux publics," *Annales des Pont et Chaussées* 2，no. 8（1844）：332 – 375；英文译本再版于 *International Economic Papers* 2（1952）：83 – 110。

第 4 章

1. Frank B. Gilbreth, *Primer of Scientific Management* (New York: Van Nos-trand, 1912), 68–69.

第 8 章

1. World Health Organization, *The World Health Report* (Geneva: Author, 2000)。世卫组织仅在这一年编制了这份报告，因为它的方法和实用性遭到了批评，尤其是在美国。随后的独立研究在很大程度上证实了它发现的结果，至少涉及美国时是如此。

2. 引自 Steven Spears, *Chasing the Rabbit* (New York: McGraw-Hill, 2008)。

3. Gabriel D. Tarde, *The Laws of Imitation* (New York: Holt, 1903).

4. Everett M. Rogers, *Diffusion of Innovations* (New York: Free Press, 1962).

致　谢

本书的问世，多亏了许多人的帮助。没有他们，也就没有这本书的出版。

首先，我们要感谢本书所研究的组织中无数基层员工、经理和高层领导，他们慷慨地奉献时间，公开坦率地向我们分享了他们的信息和故事。有几位，我们想要特别提及：安联（中国）和泰国安联的前首席执行官威尔夫·布莱克本，阿尔法自然资源公司的首席执行官凯文·克拉奇菲尔德、里克·马可艾力斯特（Rick McAlister，工程方法和标准经理）和兰迪·麦克米利恩（Randy McMillion，卓越业务执行副总裁），巴西莱塔的首席执行官安东尼奥·特谢拉，Big Y 食品公司的唐纳德·达穆尔（首席执行官）、杰克·亨利（Jack Henry，员工服务副总裁）和帕特·舍查克（Pat Shewchuk，员工策略与包容度经理），克拉利奥-斯德哥尔摩酒店的尤里卡·博格斯托姆（Ulrika Bergstrom，运营经理），可口可乐斯德哥尔摩分公司的克拉斯·班德曼（Klas Bandmann，持续改进总监）、亨利克·本内特（战略规划经理）和斯塔凡·欧尔森（Staffan Olsson，卓越运营经理），大陆 VDO 公司的杰哈德·沙特（Gerhard Schadt，高级专家，教练），格兰尼特石材公司的布鲁斯·伍尔佩特（首席执行官），HCSS 的麦克·莱德（Mike Ryder，总裁）和汤姆·韦伯（Tom Webb，副总裁），健康新英格兰公司的彼得·斯特雷利、金姆·肯尼-罗克韦尔（Kim Kenney-Rockwal，人力资源总监）、吉姆·克斯勒（总法律顾问）和乔安·沃尔顿·比克尼尔（业务改进经理），"胡桃木椅"公司的杰伊·雷尔顿（首席执行官），缅因州疾病控制中心的希拉·皮内特（Sheila Pinette）医生（主任），派洛梅森的皮特·威尔逊（总裁）和丹·阿特金森（Dan Atkinson，运营经理），斯巴鲁印第安纳汽车公司的汤姆·伊斯特丹（Tom Easterday，执行副总裁）、丹尼斯·库根（Denise Coogan，安全和环保合规经理）和马特·格林（Matt Green，SIA 现场传承综合服务经理），"尖峰特遣队"消防公司的斯图尔特·麦克米伦（总裁），ThedaCare 的约翰·陶塞特（前首席执行官），南缅因大学的布林·赖利（Brynn Riley，项目总监），惠而浦的南希·坦南特·斯奈德（核心竞争力和领导力副总裁）和莫塞斯·诺雷纳（Moises Norena，全球创新总监）。

此外，还有我们两人各自的母校——马萨诸塞大学伊森伯格管理学院和瓦尔帕莱索大学商学院——都为我们撰写本书提供了强有力的支持，而且它们都是非常棒的工作场所。

特别感谢路易丝·奥斯特伯格（Louise Östberg），一位瑞典朋友兼同事，她帮助我们找到了许多卓越的公司并让我们得以与之合作。我们也要感谢 C2 管理公司的拉尔斯·尼尔森（Lars Nilsson），感谢他的开放心态，以及对瑞典顶尖公司的诸多引荐。

在这趟旅程中，最困难的部分是完成草稿，为了努力阐明我们想要论述的信息，我们修改了无数次。此间，格温和 J. 艾伦·罗宾逊给了我俩数不清的帮助，不断地敦促我们保持简明扼要、提炼观点。我们还要感谢迈克尔·朗、斯特克·舍农和 J. D. 沃德对早期草稿的批判性反馈；谢谢莱西·施罗德（Lexie Schroeder）对插图提供的建议和创造性工作；还有劳拉·拉尔森，我们才华横溢的文字编辑。

如果没有 Berrett-Koehler 出版社无与伦比的团队提供的宝贵支持，我们不可能完成这本书。特别感谢编辑部主任尼尔·梅勒特，谢谢他坚定的鼓励、敏锐的洞察力和耐心的指导；谢谢书稿的审稿人沃利·伯克、丹尼尔·古德曼、杰弗里·克里克和露西·纽科姆；还要谢谢印刷公司迈克尔·贝斯协会的迈克尔·贝斯，感谢他友好而又严格地处理书稿，直至最终出版。

最后，也是最重要的，我们将永远无法表达对家人的感激之情。是家人，陪伴了我们前进的每一步，是他们善意地忍受了我们无数次漫长的缺席。有时候，因为工作事宜，我们还会到访彼此的家，长时间借住，这也多亏了双方家人的包容和善待。对我们的孩子菲比、玛格特、莱西、莉兹和托里，尤其是各自的妻子，玛格丽特和凯特，我们只能说：没有你们，我们不可能做到这一切。